新时代财商教育系列教材

中国历代财富管理思想精要

Essentials of Wealth Management Thoughts in Chinese Dynasties

吴现波　马兴波◎编著

清华大学出版社

北京

内 容 简 介

中国历代政治家、思想家关于财富管理的思想,是中华优秀传统文化的重要组成部分。全书从中国古籍中精选有关财富管理的重要论述 130 余条,采用原典、注释、译文、拓展、感悟的体例编译成书。全书共分财富地位、财富伦理、财富生产、财富流通、财富积累和财富人才六章,每章配有一篇导读,章下条目按时间顺序排列。

图书在版编目(CIP)数据

中国历代财富管理思想精要 / 吴现波,马兴波编著. — 北京 :清华大学出版社,2021.4
新时代财商教育系列教材
ISBN 978-7-302-57772-0

Ⅰ. ①中… Ⅱ. ①吴… ②马… Ⅲ. ①投资管理－经济思想史－研究－中国－古代－教材
Ⅳ. ①F830.593

中国版本图书馆 CIP 数据核字(2021)第 054547 号

责任编辑:张 伟
封面设计:汉风唐韵
责任校对:王荣静
责任印制:杨 艳

出版发行:清华大学出版社
    网   址:http://www. tup. com. cn,http://www. wqbook. com
    地   址:北京清华大学学研大厦 A 座   邮   编:100084
    社 总 机:010-62770175   邮   购:010-62786544
    投稿与读者服务:010-62776969,c-service@tup. tsinghua. edu. cn
    质量反馈:010-62772015,zhiliang@tup. tsinghua. edu. cn
    课件下载:http://www. tup. com. cn,010-83470332
印 装 者:小森印刷霸州有限公司
经 销:全国新华书店
开 本:185mm×260mm   印 张:12.25   字 数:276 千字
版 次:2021 年 6 月第 1 版   印 次:2021 年 6 月第 1 次印刷
定 价:55.00 元

产品编号:089152-01

丛 书 序

　　"人猿相揖别。只几个石头磨过……"毛泽东在其《贺新郎·读史》一词中,以其特有的政治家的豪放和幽默,为我们解读了历史。人类从其他动物中脱颖而出,主要是生存的本能促使人类劳动方式的转变,不仅可以利用石头等天然工具,而且可以自己有意识地制造工具。所以,恩格斯说"劳动创造了人本身"。

　　人类的发展史,从一定意义上说也是一部财富的发展史。人类生产方式的演变,很大程度上就是财富生产方式的演变,就是人类获取财富、生产财富、创造财富、分配财富、消费财富、传承财富的演变过程。生产力表现为财富的生产和创造能力,生产关系则表现为在财富生产中形成的社会关系。

　　财富最原始、最恒久的源泉,是土地和人口。动物一般都占有自己的领地,和人类近亲的动物都是群居,以适应生存竞争的需要,这正是"物竞天择,适者生存"的具体体现。原始社会的氏族、部落等的生存,更是主要依赖于领地的面积和物产,以及人口的繁衍。奴隶社会(中国是否存在过与西方同样的奴隶社会,史学界尚有争议)时期,国家间通过战争征服其他国家,占领土地,并把从战败国掠夺来的人作为奴隶,为奴隶主阶级无偿地创造财富。封建社会时期,土地更是财富的主要来源。资本主义的原始积累,靠的不仅是殖民掠夺,还有奴隶贸易。

　　"劳动是财富之父,土地是财富之母。"(配第)土地之上的瓜果,江河中的鱼虾等天然食物,以及地下的各种资源,都构成生产和生活资料,但一切都需要通过劳动这一中间环节,才能变成真正现实意义上的财富。所以,人本身才是最重要的生产要素,是活的力量。正是人类伟大的好奇心和无畏的探索精神,使科学技术最终成为第一生产力。土地和人口的数量及质量,在今天,对一个国家的综合竞争力仍然具有决定性的影响。

　　人类的进化是单向度的,是"波浪式前进、螺旋式上升"的,我们永远不可能与猿类相别千万年后,再回过头去投奔那些老朋友,再次返回"自然"。未来的共产主义绝不是原始的共产主义的简单回归。这提醒我们,对待人类历史,人类只能发现规律、顺应规律,而无法改变规律。由动物到人,再到人类的原始社会、奴隶社会、封建社会、资本主义社会、社会主义社会和共产主义社会,马克思已经发现这样的发展规律,这对于人类是值得庆幸的。规律是不以人的意志为转移的,人们不能够简单地以好恶、道德、价值来评判。人类历史受本身的规律支配着、制约着,固有的规律本身既是自然的,也是神奇的。所以,有的人会以科学的精神来面对这一切,而有的人则将这一切归结为神的力量。人类对人类本身的进化和"进步",是怀着极大的矛盾心理的:一方面为生产方式的每一次革命而欢欣鼓舞,认为是一种"进步";另一方面,每一种"进步"的生产方式也带有自身无法克服的许多

"落后"现象。过去的历史一再重复着这样的实践。但天性决定了人类始终对未来充满美好的憧憬,并激发出为之奋斗的无穷力量。所以,资本主义终将会被社会主义和共产主义所代替。

财富的最主要、最集中、最简单明了的表现形式是货币。财富的多寡,往往可以用货币数量的大小来衡量。货币是交易的产物,是在交易过程中诞生的一般等价物。货币的形态多种多样,即使不是所有物品都可以成为货币,至少许多产品都可以成为货币,而且事实上的确许多产品曾经成为货币。通常来讲,货币最初是贝壳,后来是铜、铁,再后来是金银,最后是纸张,现在是电子卡,未来可能是数字。

"金银天然不是货币,但货币天然是金银。"(马克思)当今时代,金银作为货币更主要的只是履行储备的功能,纸币早已成为主要的货币。但纸币究其本质不过就是一张纸,人们怎么可以如此地相信这样的一张纸呢?信用是人类智慧的最伟大体现,更是人类理性的最伟大折射。研究货币史我们会发现,任何政治的、军事的、宗教的力量,都无法从根本上强制人们接受这种或者那种货币,是智慧和理性形成了人们的强大自觉,让人们心甘情愿地接受能够给他们的生活带来实际价值的事物。智慧和理性,让我们对人类自身和人类未来充满了无限的信心:真理和正义最终会战胜一切,任何力量也无法阻挡!所以,人类并不惧怕经历了那么漫长的蒙昧时代,也不惧怕那么残酷的奴隶社会,更不惧怕那黑暗的中世纪封建社会;即使始终充满着血与火的资本主义社会,在那么令人绝望的两次世界大战面前,人类总是会在苦难中铸就辉煌、奋勇向前。历史可以遭遇挫折甚至倒退,但总的前进方向是不可阻挡的。

经济学其实就是财富学。古希腊的色诺芬被认为第一个使用"经济"一词的人,他的"经济"概念原意为"家庭管理"。他的小册子《经济论》是"关于财产管理的讨论",讨论的是奴隶主如何管理财产。斯密因《国富论》而被认为是古典经济学的"开山鼻祖",《国富论》的全称是《国民财富的性质和原因的研究》,研究的是国民财富的性质及其产生和发展的条件。马克思的《资本论》"是马克思主义最厚重、最丰富的著作"(习近平)。《资本论》是围绕剩余价值而展开的,深刻分析了剩余价值的产生、交换、分配、消费,从而得出结论:"整个'资本主义生产方式'必定要被消灭。"(恩格斯)

陈焕章的《孔门理财学》是 20 世纪早期"中国学者在西方刊行的第一部中国经济思想名著,也是国人在西方刊行的各种经济学科论著中的最早一部名著"(胡寄窗)。陈焕章是晚清进士,是康有为的学生和朋友,于 1907 年赴美哥伦比亚大学经济系留学,1911 年获哲学博士学位,《孔门理财学》是其博士论文。论文由英文写成,其英文题目的原意是《孔子及其学派的经济思想》,陈焕章将其翻译成中文《孔门理财学》。该书按照西方经济学原理,分别讨论了孔子及其学派的经济思想,特别是在消费、生产、公共财产等方面的思想。当时哥伦比亚大学著名的华文教授夏德和政治经济学教授施格分别为其作序,高度评价了陈焕章采用西方经济学框架对孔子及其学派的经济思想所做的精湛研究。该书出版的第二年(1912 年),凯恩斯就在《经济学杂志》上为其撰写书评,韦伯在《儒教与道教》中把《孔门理财学》列为重要参考文献,熊彼特在其名著《经济分析史》中特意指出了《孔门理财学》的重要性。

经济学是十分热门的学问,也是十分高大上的学问,许多人投身其中,许多人也望而却步。相比较而言，"经济"一词显得扑朔迷离不容易被理解，而"财富"就简单明了，更容易被掌握。陈焕章先生用中国特色的《理财学》，对应西方的《经济学》，是有其道理的，也是用心良苦的。

中国经济发展的奇迹，创造和积累了巨大的社会财富，于是个人、家庭、企业、各类社会组织直至国家，都面临着财富的保值增值问题，财富管理相应地成为方兴未艾的新兴产业。财富管理服务，已经成为银行、保险、证券等传统的金融机构新的业务增长点，各家金融机构也因此纷纷成立专业理财子公司。同时，财富管理也催生了一大批新型的专业财富管理机构。尽管如此，面对市场的巨大需求，财富管理服务供给明显不足，机构数量少、实力不强，产品不丰富，服务不规范，法制不健全，风险频发，等等。其中，最突出的还是人才缺乏，特别是高端专业人才奇缺。

财富来自社会，最终还要服务于社会。党的十九届四中全会指出，要"重视发挥第三次分配作用，发展慈善等社会公益事业"。第一次分配主要是靠市场的力量，第二次分配主要是靠政府的力量，第三次分配则主要是靠道德的力量。人们通常把市场的作用称作"看不见的手"，把政府的作用称作"看得见的手"。在计划经济时代，我们主要靠政府，几乎完全忽视市场。改革开放以来，市场的作用日益突出。习近平总书记反复强调，要"充分发挥市场在资源配置中的决定性作用，更好发挥政府作用"。当前，中国国内生产总值将近 100 万亿元人民币，人均达到 1 万美元。在全社会的财富积累到一定程度，人均财富达到一定水平之后，特别是社会上涌现出大批经济效益好的大企业和大批成功的企业家，强调公益慈善的时机就成熟了。发挥好市场、政府和公益三个方面的作用，会使中国经济的发展更加行稳致远，以德治国也将进入新境界。我国的经济发展方式，从此进入从"两只手"到"三足鼎立"的新的历史阶段。相对于未来的发展需要，当前公益慈善在教育普及、人才培养、科学研究等许多方面都还存在着巨大的差距。

人类已进入信息化时代。随着人工智能、大数据、云计算、区块链、5G 技术的广泛应用，财富管理和公益慈善事业都面临着历史性的机遇和挑战。数字货币已经呼之欲出，这不仅会带来货币和金融的革命，还会引起人们对财富的颠覆性认识：从一定意义上说，"其实，财富不过是一组数字"。党的十九届四中全会指出："健全劳动、资本、土地、知识、技术、管理、数据等生产要素由市场评价贡献、按贡献决定报酬的机制。"数据第一次被确定为生产要素。信息技术在给人类带来难以想象的便捷的同时，也给人类带来了难以想象的巨大风险，需要全人类共同面对，趋利避害。历史的规律从来如此，在无声无息中顽强地发挥作用，让你欢喜让你忧。

人类天生是社会动物，相互交往既是天性，也是生存的必然需求。今天，经济全球化和世界经济一体化，决定了人类是命运共同体，全人类只有团结起来，才能够更好地应对各种共同的挑战。迄今为止，一切阶级社会的历史都是阶级斗争的历史。社会达尔文主义者把生物进化论中弱肉强食的理论应用到了人类社会，但人类毕竟早已从动物界分化了出来。那种极端的个人主义，以我为中心、自我优先的意识，总是梦想着靠霸权、战争、掠夺的手段，把自己的幸福建立在别人的痛苦之上的行为，已经远远落后于时代了，应该被抛进历史的垃圾堆了。自由、平等、博爱、民主、人权、法制等人类的崇高理想，曾经是资本主义登上历史舞台的旗帜，但今天已经被糟蹋得面目全非了，也许这才是资本主义最真实的本来面目。习近平新时代中国特色社会主义思想,作为当代中国马克思主义、二十一世纪马克思主义,为中国特色社会主义建设指明了方向。中国特色社会主义正以无比的生机和活力,勇往直前。

正确的财富观,是社会主义核心价值观的重要内容。如何看待财富,如何对待财富创造、交易、分配、消费、传承,等等,对一个人、一个家庭乃至一个国家,影响都是巨大的。青少年是祖国的未来,如果青少年成了物质主义、拜金主义者,把无限追求财富作为人生的唯一目标,那么一个民族、一个国家的未来会是什么? 如果党员领导干部为政不廉、贪污腐败,那么国家的治理会走向何方? 如果企业家唯利是图、不择手段,一心追求利润最大化,不顾社会责任,不关心生态环境,创造出来"带血"的 GDP(国内生产总值)又有何意义?

财富安全问题需要引起高度重视,应该成为总体国家安全观的重要内容。财富安全同粮食安全、能源安全等一样,对国家的长治久安有着重大的影响。随着国家经济的发展和经济全球化的深入,我国居民个人和国家的财富配置也必然日益国际化。我国的外汇储备、外债、人民币国际化、对外直接投资、反洗钱问题,信息化时代的金融科技安全问题,等等,都与我国的国家安全息息相关。

加强财商教育已经成为当今时代的重大课题,教育不仅要重视智商教育、情商教育,也要重视财商教育。唯利是图还是重义轻利?"邦有道,贫且贱焉,耻也;邦无道,富且贵焉,耻也。"(孔子)"天下熙熙,皆为利来;天下攘攘,皆为利往。"(司马迁)"仓廪实则知礼节,衣食足则知荣辱。"(管仲)如何理解、如何应对? 财商教育不仅事关人类生存和发展的问题,还事关精神和道德的问题;不仅事关个人和家庭的问题,更事关社会、民族、国家和世界的问题。创造财富,消除贫困,缩小贫富差距,共同致富,社会财富极大丰富,人们精神高度文明,是人类走向最高理想的必由之路。从中国诸子百家的"大同思想"到空想社会主义的"乌托邦",再到科学社会主义的"按需分配",处处彰显着财商教育的重要影响。

财商教育应该纳入国民教育体系,让孩子们从小就能够树立正确的财富观,学会珍惜财富、勤俭生活、乐于奉献。财商教育也应该纳入党员领导干部培训体系,使公职人员树立正确的义利观,"当官就不要发财,发财就不要当官,这是两股道上跑的车"(习近平语)。财商教育还应该纳入企业家精神培养,使企业家能够正确处理经济效益和社会效益的关系,树立新发展理念,充分履行好社会责任。财商教育又应该纳入老年教育范畴,面对老年社会的到来,老年人财富管理不仅关系个人的生活质量,还关系家庭和谐甚至社会稳定。通过加强财商教育,在全社会形成尊重财富、崇尚劳动、热爱创造、奉献社会、科学理财的浓厚氛围,形成健康向上的财富文化。

加强财富管理和公益慈善高等教育势在必行,加快财富管理和公益慈善专业人才培养,推动相关理论研究,为国家制定相关政策提供智力支撑,为国家相关法律法规建设建言献策。需要设立专门的财富管理、公益慈善大学,需要有更多的综合性大学建立财富管理、公益慈善二级学院。山东工商学院为此作出了积极努力,我们把建设财商教育特色大学作为长远的奋斗目标,并在金融学院、公共管理学院、计算机科学与技术学院、数学与信息科学学院、创新创业学院,分别加挂了财富管理学院、公益慈善学院、人工智能学院、大数据学院、区块链应用技术学院的牌子,并配备了专职副院长。我们努力在全校建立财富管理和公益慈善的学科集群,所有的学科和专业都突出财富管理和公益慈善特色,协同创新,形成合力。我们已经开始了在相关专业招收本科试验班,并招收了相关研究方向的硕士生。我们还开展了相关课题的研究,并建立了相关的支撑体系。

编写新时代财商教育系列教材,是推进财富管理和公益慈善高等教育发展的基础工程。我们规划了《财富管理学》《中国历代财富管理思想精要》《公益慈善项目管理及能力开发》等相关教材,将会尽快陆续推出。由于是开拓性的工作,新时代财商教育系列教材的编写一定存在这样或者那样的问题,我们衷心希望得到各方面的批评指正,我们也会积极地进行修改、完善和再版。我们还希望有更多的高校和研究机构,以及政府部门、金融监管机构、金融机构、公益慈善组织及其工作人员,积极参与到相关教材的编写中来,不断有精品教材面世。希望通过教材的编写,为推动财富管理和公益慈善教育教学打下坚实的基础,加快培养锻炼专业人才,推动相关科学研究,形成大批高质量的科研成果,造就大批优秀的专家学者,推动中国财富管理和公益慈善事业持续健康发展。

白光昭

2020 年 6 月

前　言

　　编写本书的目的是适应高校特别是商科类高校财富管理教育的需要,为面向青年学生开展中国古代财富管理思想教育提供教学和学习参考。

　　本书从中国历代政治家、思想家的论著中精选其关于财富管理的要论 130 余条编写而成。全书分六章编排,涵盖了古人关于财富地位、财富伦理、财富生产、财富流通、财富积累和财富人才等方面的要论。原典条目选录主要参照了梁振中、张锦城主编的《中国历代治国思想要览》一书的第四篇。每一章的导读是该部分所选要论主要内容的概述。每条要论均按原典、注释、译文、拓展、感悟的体例编写。

　　"原典"以权威版本为核校底本。"注释"从便于当代青年学生读懂出发,力求准确简明。"译文"是编者最为关注的。目前,涉及历代财富管理思想的教材多是专门为经济类专业的经济思想史教学而编写的,其编录或引述古人的文献多数没有现代文翻译。考虑到本书的读者更多是青年学生,古文功底弱,古代经济思想史背景知识少,所以本书"译文"用了较多笔墨。在参照、对比中华书局出版的"中华经典名著全本全注全译丛书"、汉语大辞典出版社出版的《二十四史全译》(许嘉璐主编)等多个权威版本的基础上,力求翻译准确、晓畅通达。为了帮助读者理解原典,"拓展"部分附上了所选要论涉及的著作或人物的简介,重点介绍其财富管理方面的思想。"感悟"部分主要是期望读者在阅读本书、学习古人要论的过程中,能够联系实际、古为今用,把自己的思想火花记录下来。这种边阅读边记录、以输出促输入的"参与式"阅读设计是我们编写教材的一次尝试,期望读者把书中的"留白"利用起来,读有所思,学有所获。

编　者

2020 年 7 月

目 录

导　论

　　"财"是金钱和物资的总称。财多则为"富"。财富,广义上指有价值的东西,自然财富、物质财富、精神财富等;狭义上指物质财富,包括一切积累的劳动产品(如生产工具、原材料、消费品等)和用于生产的自然资源(如土地、矿山、森林等)。本书条目论及的"财富"是指狭义上的物质财富。财富管理也有宏观财富管理即国家的财富管理和微观财富管理即家庭与企业的财富管理的区分,本书条目论及的"财富管理"主要是宏观上国家的财富管理问题。

　　任何民族能够生存、发展和壮大,都离不开财富的生产、管理和使用(我们将其统称为"财富管理")。中华民族在5 000多年连绵不断的文明发展进程中,对财富现象的认识有一个从陌生到熟悉的过程,财富管理的经验也有一个不断积累的过程。在这个过程中,不断接触新领域、熟悉新领域,遇到新问题、解决新问题。这个过程中也涌现出一批问题发现者、思考者和解决者,他们的实践与思考闪烁着智慧之光,穿越了历史的时空,给今天的人们以启迪。

　　财富管理是一个包含诸多要素的矛盾体。中国古人对财富管理的认识,往往反映在对不同要素之间的关系把握上。

　　(1) 在财富的本质上,古人论及天与人的关系。

　　(2) 在财富的生产上,古人论及本与末、轻与重、动与静等关系。

　　(3) 在财富的使用、流动等问题上,古人论及上与下、内与外、出与入、公与私、贤与庸等多对关系。

　　(4) 在财富伦理上,古人比较关注的是义与利的关系。

　　(5) 在财富管理的意义上,古人常将其与治与乱的关系关联。

　　以上五个层面的11对关系并不是独立存在的,而是相互影响、相互制约的,下面依次论述。

一

　　第一个层面,在财富的本质上,古人常从天与人的关系上来认识。

　　人类的生产活动首先要遵从自然界的规律,掌握规律并利用规律。

　　《诗经·周颂》中的《噫嘻》《臣工》《丰年》《载芟》《良耜》和《诗经·国风》中的《豳风·七月》和《诗经·小雅》中的《信南山》《楚茨》《甫田》《大田》等文学作品反映了周朝时期中华民族在农业生产方面的规模和水平,也反映了劳动人民对农业生产与自然规律关系的认识。

农业生产活动要顺利进行，必须掌握天时的变化：四季更替、气候变化、风力大小、温度高低、雨水多寡等影响农作物收成的要素。广泛流行的《二十四节气歌》"春雨惊春清谷天，夏满芒夏暑相连。秋处露秋寒霜降，冬雪雪冬小大寒"就是长期农业生产智慧的结晶。

在掌握天时、温度、雨水等因素的同时，也需要掌握山地、林地、草场、平原、园池等不同的土地类型的不同特点，还需要掌握育种和饲养家禽家畜的不同方法。

在农业基础上自然而然延伸出来的手工制造业，诸如制酒、煮盐、制糖的方法，也在长期的活动中积淀下来。

贾思勰的《齐民要术》就是一部有代表性的书。这位北魏时期杰出的农学家，根据土地不同的特点，全面总结了农、林、牧、副、渔各业在耕作、育苗、育种、嫁接、饲养、加工制作等方面的方法、技术、经验和规律。

值得注意的是，中国古人在天与人的关系上不仅强调顺应自然，也强调人的能动性对自然的反作用。贾思勰在思想上强调顺应自然，"顺天时，量地利，则用力少而成功多；任情反道，劳而无获"。同时把天当作自然物，主张认识、利用并改造它，反对"生死由命、富贵在天"的命定论。他把生产活动与人们生活联系起来，认为"人生在勤，勤则不匮"，"力能胜贫，谨能胜祸"。墨子强调多投入人力，鼓励开荒；荀子强调"人定胜天"。勤劳，无论是在历代政治家还是思想家的著述中都是一个美德。治国平天下要靠勤政，修身齐家要靠勤劳。而这种认识的形成是与劳动创造财富的财富产生观分不开的。这是从长期的农业生产活动中，在与自然界打交道的过程中人们对财富的来源认识不断深化。韩非子认为做事顺应天时、各尽其力、因地制宜、提高效率、互通有无、节约支出等都可以增加财富，他说："人事、天功二物者皆入多，非山林泽谷之利也。夫无山林泽谷之利入多，因谓之窕货者，无术之言也。"

劳动创造财富。人类在认识自然界、改造自然界的过程中创造自己，也创造自己赖以生存和发展的"财富"。财富是在人与天的关系互动中被创造出来的，这是中国古人对财富本质的一个基本认识。

有了对财富本质的基本认知，接下来看第二个层面财富生产方面的关系。

二

第二个层面，在财富的生产上，古人论及较多的是本与末、轻与重、动与静等几对关系。

首先是本与末的关系。本与末之说来源于士、农、工、商的四分法。在这个四分法之下认为农民和农业为本，商人和商业为末。中国古代的"重农抑商""崇本抑末"思想或政策是由当时的生产力发展决定的，有其历史合理性：一是自给自足的小农生产，使大众形成朴素的生产观——人人都需要吃饭，自己不种粮食就没法吃饭，也就不能活下去；二是从统治者的治国经验看，发展农业有利于把百姓固定在土地上，有利于管理；外敌入侵时，因为家庭利益和国家利益绑定在一起，农民会响应国家的号召，拿起兵器与入侵者战斗。所以《吕氏春秋·士容论·上农》讲"民农则朴，朴则易用，易用则边境安，主位尊"。三是在当时的思想家看来，商人阶层并不直接创造财富，却通过贩运与囤积居奇获得了与付出不相匹配的大量财富,所以商鞅、韩非等人认为,这些人都属于投机取巧之辈,是国家的"蠹虫"。在具体政策执行的时候,通过对商业课以重税,同时对商人在消费、衣着、子女教育等诸多方面加以限制。

古人对"商业"的认识有一个随着生产力的发展而不断变化的过程。桑弘羊从国民经济各部门之间的有机联系出发,肯定工商业,"工不出则农用乏,商不出则宝货绝;农用乏则谷不殖,宝货绝则财用匮。"民众生活必需品都要"待商而通,待工而成",所以,国家应该"开本末之途,通有无之用"。"商不出则三宝绝",没有商人和商业的存在,社会分工带来的效益就无法反馈社会,就无法满足各个阶层百姓生活上的不同需要。古人对商人存在的合理性的认识,随着商品贸易活动的兴起而逐步建立起来。唐代陆上丝绸之路的大量遗迹和出土文物、南宋海上丝绸之路的大量沉船、"淮左名都"富甲天下的扬州、北宋张择端《清明上河图》中的汴梁城等大量事实和文物,都可以证明唐宋时期的对外贸易与城市经济已经很发达。但那个时代商业的发展仍然从属于且只能从属于强大的集权国家,无法独立而自由地发展。同时,文化阶层对商人还处于斥责和鞭挞的舆论氛围中,极少有人意识到商业的重要性并替商人说话。从王阳明心学开始认为士、农、工、商一体平等,并无贵贱之分,才打开了束缚大家千年的思想牢笼,商人阶层终于在文化上慢慢以正面形象示人。张居正主张农商并利,认为"商不得通有无以利农,则农病;农不得力本穑以资商,则商病"。王符认为工商各有本末。"富民者以农桑为本,以游业为末;百工者以致用为本,以巧饰为末;商贾者以通货为本,以鬻奇为末。""三者守本离末则民富。"黄宗羲进一步提出"工商皆本"的思想。

其次是轻与重的关系。轻重之术源于《管子·轻重》一文,可以泛指很多领域,本处专指货币问题。货币可以分为实物货币、金属货币和信用货币三个历史阶段。在信用货币出现之前,因为实物货币不易保存、运输困难的原因,逐渐被金属货币一统天下,继而最后集中在金、银、铜三种金属上。

对轻重关系的认知,古人也有一个过程。西汉初年还允许民间铸币,比如汉文帝时期的"邓通钱"和汉景帝时期吴王刘濞冶矿铸钱等。这些事实说明:当时国家统治者和理财者还没有完全认识到国家掌控货币对于国家财富运行与整体安全的重要性。但金银铜作为货币的缺点在于"通货紧缩",因为金银铜作为"一般等价物"在流通的过程中会不断被权贵和富商所占有与囤积,从而造成"钱少"的情况,进而造成粮食和商品价格超低的情况。如果折合为银钱缴纳赋税,底层农民就需要卖出更多的粮食才能完成纳税的义务。唐代宰相杨炎的"两税法"税制改革不到30年就不得不废止,原因就在于民力不堪重负。

这方面,直到北宋的沈括才算有了较为理性的认识。在《梦溪笔谈》中,沈括明确论及货币流通速度与货币流通量之间、货币流通量与人口增殖之间的对应关系,以及稳定有价证券的价格对货币流通量的影响等,指出国家调节货币流通量的必要,以使市面上钱币流通的数额与社会需要量相适应。

中国是最早使用纸币的国家。北宋时代"交子"出现,明代"大明宝钞"颁行。"交子"是最早信用货币的雏形。虽然"大明宝钞"以国家名义颁布,试图走上国家信用货币的道路,却因为不懂得货币发行量和价值之间的对应关系,因为滥印而被民间所抛弃。

最后是动与静的关系。动静关系指的是商品的运输和存储。

运输和存储要满足两个目的：一是要能安然度过灾年，要有足够的钱粮以备不虞；二是要满足百姓日常生活大宗货物的运输。

中华民族向来有居安思危的意识。《礼记·王制》中说："国无九年之蓄，曰不足；无六年之蓄，曰急；无三年之蓄，曰国非其国也。"所以要平时有所储备以备水旱之灾，建"常平仓""广惠仓"和"义仓"之类在丰年收购大量粮食，在荒年低价卖出，以防大量人口饿死或揭竿而起。而为了满足百姓对大宗商品的需要，如"盐铁酒"之类，则实行国家专营并控制价格的"平准"制度和国家系统商品运输的"均输"制度。为了更有效率地让商品得以运输，必然催生大型的工程：平整道路、修建河渠、开凿运河等。唐代的刘晏在唐朝安史之乱后，国家如此困难的情况下仍能筹划得宜，与桑弘羊、王安石、张居正等人并称为理财一流高手，除了个人天赋因素外，利用国家的力量对大宗商品的存储和流通及时进行调控是一个重要原因。

三

在财富生产层面的关系协调好之后，还需要协调好第三个层面即财富的使用、流动等问题，古人论及较多的是出与入、上与下、内与外、公与私、贤与庸等多对关系。

出与入的关系指的是国家收入和国家开支之间的协调问题。在这个问题上有两种思路，一种是"量入为出"，一种是"量出为入"。

"量入为出"就是指国家开支的计划要以收入作为基础，如《礼制·王制》中所言："冢宰制国用，必于岁之杪，五谷皆入然后制国用，用地小大，视年之丰耗，以三十年之通制国用，量入以为出。"后来，历代王朝基本上都沿着这个思路来控制财富的支出和发费，一旦出现入不敷出、寅吃卯粮的情况，就有很强的危机感。正如张居正在《岁赋出入疏》中充满忧虑地说："乃今一岁所出，反多于所入，如此年复一年，旧积者日渐销磨，新收者日渐短少。目前支持已觉费力，脱一旦有四方水旱之灾，疆场意外之变，何以给之？"

"量出为入"有两层含义：一层是批评不考虑民力，只考虑国家需要用多少开支，从百姓那里搜刮多少钱财；另一层是体恤民力，紧缩开支，把开支降到最低。如《史记·平准书》中所言汉初"量吏禄，度官用，以赋于民"。

因为国家要负责官员俸禄、赈灾救荒、军事成边、水利工程、兴办教育等多项大额开支，如果再加上统治者个人奢靡无度，不严格控制支出，会导致国库空虚，进而引起财政危机甚至国家危机。对这个问题，古人是有一定认识的。

与出入关系紧密相关的是上下关系。

这里的上下关系指的是中央与地方、君主和百官之间的关系。从中央和地方的视角来看，在经济上如果把财权完全下放，放任地方自由发展，会出现吴王刘濞富可敌国，进而起兵造反的风险，或者唐末诸多节度使尾大不掉，拥兵自重的情况。如果这种情况发生，国家的经济和财富问题就会上升为政治安定与军事安全问题。所以，要保证国家的权威和军事的安全，首先要保证国家的财政充裕。

上下关系还体现在君主的表率作用上。因为古代历来宣扬"君权神授"的观念，皇帝既是精神信仰的领袖，也是世俗权力的执行者，所以皇帝的一言一行有强大的示范作用。皇帝奢靡，百官自然效法，奢靡成风，层层加码，百姓则苦不堪言。白居易在《策林二·人之困穷由君之奢欲》中说："自君至人,等级若是,所求既众,所费滋多,则君取其一,而臣已取其百矣。所谓上开一源,下生百端者也",就是担心皇帝起不到好的带头作用。

从这层意义上讲,"上下关系"的处理得当与否和官场的贪与廉、世风的奢与俭有着很大关系。

实际上,在封建社会发展到后期,随着大量特权阶层的出现,即使皇帝清廉、百官不贪,因大量特权人员饱食终日又无所事事,也会导致国库开支相当困难。如陆深在《愿丰堂漫书》中谈论明代藩王时深表忧虑地说:"将军殿下亦岁给禄米二百石。金枝玉叶,日以广衍,传之千万年之后,虽竭天下之力,不足以供之。"此外,清末大量的八旗子弟因为有规定不能经商、务农和做工,只能架鹰遛鸟斗蛐蛐,躺在祖辈的福荫上过日子。一名普通八旗子弟以 60 年寿命计算,大概一生可领 4 000 两白银,清中期八旗子弟已达 12 万人,这种世代的福利开支对清政府财政压力巨大。

内外关系指的国内各地区的贸易和中国与国外的贸易。

国内贸易,历来并无反对之声,但对大宗商品的控制权却是争论的焦点。以《盐铁论》为例,一面是桑弘羊所代表的国家控制大宗商品的定价权和专营权;一面是"贤良文学"所代表的鼓励地方和民间自由贸易,取消国家专营和定价。宋代王安石变法时期,也有过激烈的"藏富于国"还是"藏富于民"的争论。虽然后来有了明代的"开中法"和"盐引"这样的中和形式,将国家利益和民间利益结合起来,但这种矛盾却一直存在,并没有完全解决。

国内贸易关系由此引发了另外一对关系:公私关系。公私关系主要是指国家和商人之间的关系。商人为了牟取个人利益,会贱买贵卖,会囤积居奇,在国家遭受外来入侵的时候又有能力举家迁徙以避难。如果任由大量以牟利为目的商人来控制国计民生的重要物资,在统治者看来,是一件影响社稷安危的大事。所以在近代以前,统治阶层都是有限地发展商业,让私人商业处于国家力量控制之下。

在国与国之间的贸易层面上,在鸦片输入中国之前,中国在国际贸易中基本上处于顺差地位。边境贸易的茶马互市、陆上丝绸之路和海上丝绸之路,通过出口丝绸、瓷器、茶叶等物品为本国赚取了大量的金银。以梁方仲在《明代粮长制度》中的估计,自万历元年至崇祯十七年(1573—1644)的 72 年间,葡萄牙、西班牙、日本诸国由于贸易而输入中国的银圆,至少在 1 亿元。

在当时,是否开展与少数民族或其他海洋国家的贸易成为一项"恩赐"性质的事情,服从于国家地缘政治安全的需要也有一定的合理性。但从长期来看,明代中期和清朝末年的"海禁"政策,导致了贸易断绝,外汇收入减少。这种缺乏远见的应急措施,实在是坐井观天之见。正如清代末年的蓝鼎元在《论南洋事宜书》中所说:"今禁南洋有害而无利,但能使沿海居民,富者贫,贫者困;驱工商为游手,驱游手为盗贼耳。"

在财富管理过程中必然要涉及管理人员的素质问题,也就是"贤与庸"的关系问题。清代陆世仪在《思辨录辑要·治平类》中说:"国家掌财最须得人,不特聚敛小人不可用,即庸材亦坏事不浅。"作为中国一流的理财家,唐代刘晏的理财之法,首先就是优中选优使用理财的人员,"独租庸得补署,积且数百人,皆新进锐敏,尽当时之选,趣督倚办,故能成功"。

四

以上所论都是与财富生产直接相关的现象。自财富产生以来,孔子、孟子、荀子、墨子、朱熹、王夫之这样的思想家和哲人就开始反思财富对社会的价值。同时像齐国宰相管仲和晏婴、秦国宰相吕不韦、明代首辅高拱和张居正等人对此也有过思考与认知。由此产生了与中国财富史和中国思想史紧密相关的财富伦理问题:义利之辩。简单来说就是道德和财富的关系。

中国古代有四次大的义利之辩,都发生在中国社会重大转折变革时期。

第一次是春秋和战国的大动荡时期,这时期的主要脉络是孔子"义以为上"拉开序幕,孟子"何必曰利"与"惟义所在"予以阐发,荀子"以义制利"给予总结;第二次两汉时期的义利之辩是因为要总结秦亡汉兴的历史经验。其代表人物和代表观点是董仲舒的"以义正我"和"正义不谋利"。第三次宋明时期的义利之辩是从经学到理学转变和民族矛盾尖锐的时期,这一时期的代表人物分别是朱熹和陈亮。朱熹的代表观点是"存天理,灭人欲",也就是把"义利之辩"变成了"理欲之辩"的外延。而陈亮和叶适为代表的"功利"之学则追求"实事实功",认为"功到成处,便是有德"。第四次明清之际的义利之辩是中国"千年未有之大变局",西学东渐,新的社会因素在不断滋生和成长,李贽和王夫之是其代表人物。李贽的代表观点是"夫欲正义,是利之也",王夫之则认为天理"必寓于人欲以见"。

除了这些思想家和哲学家的理论思考,国家的宰相既要考虑道德问题,又要考虑现实问题,他们的观点更加切合实际,往往会把义利结合起来考虑。

高拱认为:"理财,王政之要务也。后世迂腐好名者流,不识义利,不辨公私,徒以不言利为高,乃至使人不可以为国。殊不知聚人曰财,理财曰义。又曰义者利之和,则义固未尝不利也。"如果所谓的"义"完全脱离了"利",容易陷入泛道德主义的泥潭中,造就社会上诸多"借义取利"、沽名钓誉的伪君子。

义利两者之间的关系可以归纳为两种观点:第一,道德是为了更加美好的生活;第二,生活是为了更加崇高的道德。除了宋明理学的论点支持第二种观点外,其余的时代绝大部分观点都倾向于第一种。正如叶适所说:"'正谊不谋利,明道不计功',初看极好,细看全疏阔。古人以利与人,而不自居其功,故道义光明;既无功利,则道义乃无用之虚语耳。"

五

古人对财富的本质、财富的生产、财富的使用、财富的伦理的论述最终都指向一个目的:治与乱,即防止国家动乱败亡与追求国家大治富强。正如《汉书·食货志上》中所说的:"财者,帝王所以聚人守位,养成群生,奉顺天德,治国安民之本也。"也就是说,自中国有财富活动以来,就不单纯仅仅是为财富而管理财富,而是有更加宏大而高远的个人抱负或政治目标。

从个人而言,吕不韦从商人时代扶持"异人"(后改名子楚,后来的秦庄襄王)登上太子之位,继而成为秦国国相。范蠡帮助越王勾践一雪前耻后,功成不居,成为陶朱公,富甲天下。"十九年之中三致千金,再分散与贫交疏昆弟",被司马迁在《货殖列传》中评价为"此所谓富好行其德者也"。孔门十贤之一的端木赐往来鲁卫之间,家累千金,然而人品高尚。孔子去世后,端木赐独自守墓 6 年以表达对老师的无限哀思。

其他很多朝代,许多大商人也往往能主动救济赈灾、铺路架桥、兴办教育,用心慈善,润泽一方。在国家危难之时又能毁家纾难、慷慨解囊。近代有许多实业家也是以"实业救国"为目的而兴办工厂的。

从国家层面而言,从春秋时代的管仲之术、战国时代的魏国李悝变法、秦国的商鞅变法、汉武帝时代桑弘羊的平准和均输政策、唐代杨炎的两税法、刘晏的转移之法、宋代王安石变法、明代张居正改革……客观效果姑且不论,其主观动机无一不是为了国家的安定和富强。

理解了这一层,就理解了很多看似不可调和的矛盾现象背后的本质。无论是本末之争还是义利之辩,再或者是盐铁会议上桑弘羊和贤良文学们的激烈辩论,实物税收的租庸调制还是货币税收的两税法……都是出于对国家安定和富强的追求。

当然,有些没有见地却掌握了国家权力的皇帝和官僚,为了满足自己的一己私欲,用各种苛捐杂税搜刮聚敛、盘剥百姓,满足自己奢侈无度的生活。但正如恩格斯"历史合力论"中所说:"历史是这样创造的:最终的结果总是从许多单个的意志的相互冲突中产生出来的,而其中每一个意志,又是由于许多特殊的生活条件才成为它所成为的那样。这样就有无数互相交错的力量,有无数个力的平行四边形,由此就产生出一个合力,即历史结果。"所以,皇帝和执政者们不管是出于有意还是迫不得已,都要广选精英、量入为出、提倡节用爱民;政府担负起设置义仓、赈灾救灾、兴修水利等公共服务的责任。

在长期的历史过程中,中国古代形成了财富生产上重农抑商的主要特征、财富管理上国家控制的主要特色、财富伦理上义利相和的主要特点,这是财富生产和管理过程中产生的各个要素综合作用的结果,也是社会从皇帝到百姓的各个阶层的利益和意志等诸多方面综合因素合力的结果,这是受社会发展的客观规律所制约而产生的必然结果。

六

综合起来看,在漫长的历史过程中,中国财富管理涉及了财富的生产、使用、流通、贸易、分配等各个过程,也涉及了货币、赋税、徭役、人口等诸多影响财富的因素。在这个过程中,古代的经济学家和执政者,在"执两用中"的朴素辩证思维指导下,不断地调整和完善政策,以达到国家安定和富强的目的。

比如在对待农商本末问题上,呈现了从本末对立、重农抑商到农商并重、厚农资商、厚商利农的辩证发展眼光。

又如常平仓的设置和使用,从宋代之前的灾年放粮细化到宋代的"青黄不接之际"放粮,也是对社会现象认知的细化。

又如代表国家专营"平准"政策的使用上,随着以刘晏为代表的选人制度和用人制度的完善与精准,尽量将国家专营和民间自营结合起来,就是相得益彰的做法。

这些政策本身的变化就是执政者和思想家不断探索、调整和完善的过程。

2014 年 9 月,习近平总书记在纪念孔子诞辰 2 565 周年国际学术研讨会上的讲话中指出:"……不忘历史才能开辟未来,善于继承才能善于创新。只有坚持从历史走向未来,从延续民族文化血脉中开拓前进，我们才能做好今天的事业。"本书所选的古人对财富方面的论述，承载着民族的记忆和智慧，充满辩证思维和深厚的家国情怀，对于我们今天的财富管理而言也有很多启发。我们要在充分吸收优秀传统文化营养的同时，又放眼世界，借鉴西方的财富管理思想和政策，才能更加稳健地走向未来。

马兴波

2020 年 6 月

第一章

食与货——财富地位要论

导读

食,农事饮食相关等事;货,钱财布帛衣服等物。中国古代用"食货"泛指财政经济。本章围绕古人的"食货"思想,选录原典17条。

人类要生存繁衍、追求美好生活、获得自身发展,必须首先解决衣食住行等物质生活资料问题,这是人类社会发展的基本规律;安邦定国要有财物基础,长治久安须管理好国家财政经济,这是国家治理的基本规律。中国古籍中的"食货之学"集中反映了对这些规律的认识,提出了许多真知灼见。

关于理财与仁义。《易经·系辞下》强调:"理财正辞,禁民为非曰义。"面对割裂理财与仁义关系的论调,宋王安石反问:"一部《周礼》,理财居其半,周公岂为利哉?"明高拱告诫:"徒以不言利为高,乃至使人不可以为国。殊不知聚人曰财,理财曰义。又曰义者利之和,则义固未尝不利也。"

关于财富与教化。《管子》中指出:"仓廪实则知礼节,衣食足则知荣辱。"《周书》中强调:"饥寒切体,而欲使民兴行礼让者,此犹逆坂走丸,势不可得也。是以古之圣王,知其若此,故先足其衣食,然后教化随之。"

关于理财与治国。《汉书》有言:"食足货通,然后国实民富,而教化成。""财者,帝王所以聚人守位,养成群生,奉顺天德,治国安民之本也。"《后汉书》写道:"食者乃有国之所宝,生民之至贵也。"明李贽断言:"不言理财者,决不能平治天下。"

中国古代"食为民天,财为国本"的思想仍具有重要现实意义。

第一条

【原典】

天地之大德曰生①，圣人之大宝曰位②。何以守位？曰：仁③。何以聚人？曰财④。理财正辞⑤，禁民为非曰义⑥。

《易经·系辞下》

【注释】

① 生：生长万物。

② 宝：珍贵的东西。

③ 守位：保持统治权位。

④ 聚：聚集，招徕。财：财货，财富。

⑤ 理财：管理经济、财政。正：制定。辞：法令、制度、条文。

⑥ 义：指合于一定道德规范的行为准则。

【译文】

天地最伟大的德行是生养万物，圣人最珍贵的宝物是崇高的地位。如何守住地位？要靠仁爱；怎样聚集民众？要靠财富。管理财富、名正言顺，使民众不能为非作歹，这就称作义。

【拓展】

《易经》即《周易》，《三易》之一，是传统经典之一，相传系周文王姬昌所作，内容包括《经》和《传》两个部分。《经》主要是六十四卦和三百八十四爻，《传》又称《系辞传》，包含解释卦辞和爻辞的七种文辞共十篇，统称《十翼》，相传为孔子所撰。

【思考】

请根据以上原典，联系当下财富现象，谈谈自己的感悟。

第二条

【原典】

　　凡有地牧民者①，务在四时②，守在仓廪③。国多财则远者来，地辟举则民留处④，仓廪实则知礼节，衣食足则知荣辱，上服度则六亲固⑤，四维张则君令行⑥。

《管子·牧民》

【注释】

　　① 牧：牧养。这里意谓统治、治理。
　　② 务在四时：务，从事，致力，在此指注重，该句的意思是要注重一年四季的农事安排。
　　③ 守：依靠。仓廪：粮仓。这里指粮食储备。
　　④ 辟举：开辟；开发。留处：定居下来。
　　⑤ 上：指君主。服：遵守。度：制度；法制。六亲：指血缘关系较近的亲属。
　　⑥ 维：纲绳，纲领。四维：指礼、义、廉、耻。张：伸张；推行。

【译文】

　　凡是有土地须治理民众的君主，必须注重四时农事，保证粮食储备。国家财力富足，远方的民众就会来投奔；开荒辟地做得好，本国的民众就能安居乐业；民众粮仓丰裕，就知道遵守礼节；衣食丰足，就懂得荣辱。君主的言行合乎礼法，六亲就可以各得其所，更加团结；作为国家四维的礼、义、廉、耻得以发扬，君令就可贯彻推行。

【拓展】

　　《管子》，传为春秋时期齐国宰相管夷吾所作，然亦有后人杂缀其中，该书篇幅宏伟、内容复杂、思想丰富。既有霸政法术，又有经济生产，阴阳五行，兵法杂说，《牧民》篇为概述治国方略的纲领。

【思考】

　　请根据以上原典，联系当下财富现象，谈谈自己的感悟。

第三条

【原典】

《洪范》八政，一曰食，二曰货①。食谓农殖嘉谷可食之物②，货谓布帛可衣及金刀龟贝③，所以分财布利通有无者也。二者，生民之本，兴自神农之世。"斫木为耜④，煣木为耒⑤，耒耨之利以教天下⑥"，而食足；"日中为市，致天下之民⑦，聚天下之货，交易而退，各得其所"，而货通。食足货通，然后国实民富，而教化成。……财者，帝王所以聚人守位，养成群生，奉顺天德，治国安民之本也。

《汉书·食货志上》

【注释】

① 《洪范》：《尚书》篇名。八政：指食、货、祀、司空、司徒、司寇、宾、师。食：粮食等食物，货：钱财、货物。食货泛指财政经济等事。

② 农殖：亦作"农植"，引申为劝民种植。嘉谷：古以粟(小米)为嘉谷，后为五谷的总称。

③ 金刀：古代货币；龟贝：龟甲和贝壳，古代亦用作货币，至秦而废。

④ 斫(zhuó)：用刀斧等砍。耜(sì)：原始翻土农具。

⑤ □(róu)：用火烤木材使弯曲。

⑥ 耨(nòu)：古代锄草的农具。

⑦ 致：招引，招徕。

【译文】

《尚书·洪范》篇论述先王治理国家的八项政务，首先是"食"，其次是"货"。"食"就是作为食物的五谷，"货"就是指衣服原料和各种货币。有了这些东西，老百姓才能生财谋利，互通有无。二者都是关系国计民生的根本，它兴起于神农氏时代。据说神农氏"削木做耜，弯木为耒，并将耕耘的好处教导天下百姓"，粮食便充足了；那时实行"中午时集市贸易，招徕全国的百姓，聚集各地的财物，交易完了就回去，各人获得自己所需的东西"，从而财物便开始流通了。由于粮食充足、财物流通，国家才殷实、民众才富裕，因而教育感化民众的事情才得以实现。……财物是帝王用来团聚百姓、巩固政位、养育众生、奉顺天德、治国安民的根本。

【拓展】

《汉书》，东汉班固撰。记载西汉的历史，一百二十卷。体例分为纪、表、志、传。《食货志》为"志"中的一篇。

【思考】

请根据以上原典，联系当下财富现象，谈谈自己的感悟。

第四条

【原典】

　　夫生养之道①，先食后货。是以先王观象育物②，敬授民时③，使男不逋亩④，女不下机。故君臣之道行，王路之教通。由是言之，食者乃有国之所宝，生民之至贵也。

《后汉书·刘陶传》

【注释】

① 夫：发语词，无实义。
② 观象：取法、效法。育物：大自然养育万物。此处指效法大自然养育万物的规律。
③ 敬授民时：语见《尚书·尧典》。时：天时，时令。这里指历法、历书。
④ 逋（bū）：逃亡。逋亩，荒废耕种。

【译文】

　　养育民众的方法，首先重视农业生产，其次要重视财政经济。所以先王效法自然，将历法付予百姓，使其知时令变化，不误农时。让男子不荒废耕地，女子勤于纺织。所以，君臣之道得以畅行，圣王的教化得以遍及。所以说，粮食是国家的宝物，是民众最珍贵的东西。

【拓展】

　　《后汉书》，南朝宋范晔所撰，其作本纪及列传部分，志则为南朝梁刘昭取晋司马彪《续汉书》所补，该书共一二〇卷，分本纪十、志三十、列传八十。该书与《史记》《汉书》《三国志》合称"前四史"。

【思考】

　　请根据以上原典，联系当下财富现象，谈谈自己的感悟。

第五条

【原典】

衣食者,民之本也;民者,国之本也。民恃衣食①,犹鱼之须水。国之恃民,如人之倚足②。鱼无水,则不可以生;人失足,必不可以步;国失民,亦不可以治;先王知其如此,而给民衣食。

(北齐)刘昼:《刘子·贵农》

【注释】

① 恃:依赖,凭仗。
② 倚:靠着,仗恃。

【译文】

温饱是民众生存的根本,而民众又是国家生存的根本。民众的生存依赖衣服饮食,就像鱼离不开水。国家的生存依赖民众,就像人需要用脚走路。鱼离开了水,就活不下去;人失去了脚,一定没法走路;国家失去了民众,也不可以安定;上古贤君知道这个道理,所以让民众有吃有穿,保证温饱。

【拓展】

《刘子》,南北朝时期北齐人刘昼所撰,刘昼,字孔昭,渤海阜城(今河北衡水)人。《北齐书·儒林传》有传。该书针对当时社会时弊,提出了自己治国安民的政治主张,展示了为国建功立业的抱负。

【思考】

请根据以上原典,联系当下财富现象,谈谈自己的感悟。

第六条

【原典】

人生天地之间,以衣食为命。食不足则饥,衣不足则寒。饥寒切体,而欲使民兴行礼让者,此犹逆坂走丸,势不可得也①。是以古之圣王,知其若此,故先足其衣食,然后教化随之。

《周书·苏绰传》

【注释】

① 逆坂走丸,势不可得在:与斜坡的方向相反而要求丸迅速转动,势必不能做到。逆:方向相反。坂:斜坡。走丸:如丸的转动,喻便易迅疾。

【译文】

人在世界上活着,衣食如同性命。粮食不足意味着饥饿,衣物不足意味着寒苦。如果民众饥寒交迫,却让他们自愿遵守礼节,就如同让弹丸自己滚上陡坡一样难以实现。因此,古代圣明的君王明白这个道理,他们先让百姓丰衣足食,然后才用道理教导感化。

【拓展】

《周书》,中国历代正史之一,共五十卷,本纪八篇,列传四十二篇,是南北朝时期北周(557—581)的纪传体史书,由唐朝令狐德棻主编,成书于贞观十年(636)。

【思考】

请根据以上原典,联系当下财富现象,谈谈自己的感悟。

第七条

【原典】

食为人（民）^①天，农为政本。仓廪实则知礼节，衣食足则知廉耻。

（唐）李世民：《帝范·务农篇》

【注释】

① 人：本为"民"字，因避唐太宗李世民"民"字的讳，故改"人"字。

【译文】

民众以粮食作为生存的根本，国家政务以农业生产为根本。民众粮仓丰裕，就知道遵守礼节；衣食丰足，就懂得荣辱。

【拓展】

《帝范》，系唐太宗李世民自撰，是论述人君之道的一部政治文献。书成于贞观二十二年（648），全书分为君体、建亲、求贤、审官、纳谏、去谗、诫盈、崇俭、赏罚、务农、阅武、崇文十二篇。

【思考】

请根据以上原典，联系当下财富现象，谈谈自己的感悟。

第八条

【原典】

谷者,人之司命也[①];地者,谷之所生也;人者,君之所治也。有其谷则国用备,辨其地则人食足,察其人则徭役均。知此三者谓之治政[②]。

（唐）杜佑:《通典·食货门·田制》

【注释】

① 司命:神名,泛指和生命有关的事物。

② 治政:让天下安定的政策。

【译文】

粮食,掌控着民众的生命;土地,是生长粮食的载体;民众,是国君统治的对象。民众家中有充足的粮食,国家便拥有了支出的来源;计量清楚土地的面积,(依法授予田地)民众便能出产足够的粮食;核查人口数量,便能平均分摊徭役。了解并实施这三条方略,就可以被称为治政。

【拓展】

《通典》,唐代杜佑(735—812)编。该书是中国第一部典章制度通史,记事始自唐虞,止于唐肃宗、代宗时。该书共两百卷,内分九门,九门以食货为首,食货又以田制为先。

【思考】

请根据以上原典,联系当下财富现象,谈谈自己的感悟。

第九条

【原典】

愚窃观儒者之论，鲜不贵义而贱利，其言非道德教化则不出诸口矣。然《洪范》八政，"一曰食，二曰货。"孔子曰："足食，足兵，民信之矣。"①是则治国之实，必本于财用。盖城郭宫室②，非财不完③；羞服车马④，非财不具；百官群吏，非财不养；军旅征戍，非财不给；郊社宗庙⑤，非财不事；兄弟婚媾⑥，非财不亲；诸侯四夷，朝觐聘问⑦，非财不接；矜寡孤独⑧，凶荒札瘥⑨，非财不恤。礼以是举⑩，政以是成，爱以是立，威以是行。舍是而克为治者，未之有也。

（宋）李觏：《富国策第一》，《直讲李先生文集》卷十六

【注释】

① 引语见《论语·颜渊》。

② 盖：发语词，此处为大概如此。

③ 完：修筑；修建。

④ 羞：通"馐"，美味的食物。

⑤ 郊社：周朝于冬至日祭天于南郊称为"郊"，夏至日祭地于北郊称为"社"，合称"郊社"。宗庙：古代统治者祭祀祖先的处所。

⑥ 婚媾（gòu）：婚配。

⑦ 朝觐（jìn）：朝见天子。

⑧ 矜：通"鳏"（guān）。

⑨ 札瘥（cuó）：瘟疫。大疫称"札"，小疫称"瘥"。

⑩ 礼以是举：礼义依靠财而得以实现。是：此，这。

【译文】

我观察儒生们的议论，很少不推崇道义而贬低财利的。他们一开口就是讨论道德教化。但是《洪范》中的"八政"把"食"和"货"列为前两位。孔子说："（治理国家）只需粮食充足、战备充足以及民众信任就可以了。"因此，治理国家的根基应该建立在钱财货物的基础上。没有财力支持，城墙、宫殿无法修筑；没有财力支持，无法置办饮食、衣服、车马；没有财力支持，无法供养官吏队伍；没有财力支持，军队无法戍守边疆；没有财力支持，就无法祭祀天地、祖先；没有财力支持，男婚女嫁就无法成亲。诸侯与四夷朝拜天子，并互派使者访问，没有财力支持就无法完成交接事宜。没有财力支持，鳏寡孤独和荒年瘟疫的死者就无法得到抚恤。礼制的推行，政事的成功，仁爱的实现，威信的树立，都离不开财力。离开财力而能够治理好国家，从来没有的事儿。

【拓展】

李觏（1009—1059），宋人，字泰伯，号盱江先生，建昌军南城（今江西抚州）人。其人与

王安石有私交并支持其变法,提出"平土""均役"等措施,以图抑制土地兼并,有《李觏集》传世。该书中《富国策》《安民策》《庆历民言》集中反映了他的经济思想。

【思考】

请根据以上原典,联系当下财富现象,谈谈自己的感悟。

第十条

【原典】

政事所以理财,理财乃所谓义也。一部《周礼》,理财居其半,周公①岂为利哉?

（宋）王安石:《答曾公立书》,《王临川集》卷七十三

【注释】

① 周公(不详—前1105年),春秋时人,姓姬名旦,周文王的儿子,武王的弟弟。辅佐武王伐纣,封于鲁。武王崩,又佐成王摄政,东征平定三叔之乱,灭五十国,奠定东南,归而制礼作乐,天下大治。

【译文】

处理政事需要管理财物,管理财物也就是所谓的"义"。一部《周礼》,涉及理财的内容占据了一半,周公难道也是逐利的吗?

【拓展】

王安石(1021—1086),宋人,字介甫,号半山,临川(今江西抚州)人。宋神宗时为相,改革政治,锐行新法,以富国和强军为目的,其经济上的改革如"青苗法""募役法""方田均税法""农田水利法""市易法""均输法"等,因触及原阶层贵族及大地主利益,诸人群起反对,又兼用人不当,没有成功。

【思考】

请根据以上原典,联系当下财富现象,谈谈自己的感悟。

第十一条

【原典】

财者,为国之命而万事之本。国之所以存亡,事之所以成败,常必由之。

(宋)苏辙:《上皇帝书》

【译文】

财务是国家的命脉和万事的根本。国家的存亡,事情的成败,常受财务的影响和制约。

【拓展】

苏辙(1039—1112),宋人,字子由,晚年号颍滨遗老,眉州眉山(今四川成都)人。嘉祐间进士,官至门下侍郎,执掌朝政,其散文擅长政论和史论,针砭时弊,一针见血,有《栾城集》传世。

【思考】

请根据以上原典,联系当下财富现象,谈谈自己的感悟。

第十二条

【原典】

国之有财用,犹人之有血气。气血耗竭,何以保身？财用空匮,何以立国？

(宋)徐鹿卿:《奏己见札子》

【译文】

一国的财货如同一个人的血气。人的血气衰竭,靠什么保命呢？国家的财力空虚,靠什么立国呢？

【拓展】

徐鹿卿(1170—1249),宋人,字德夫,号泉谷,隆兴丰城(今江西丰城)人,官至礼部侍郎。《宋史》卷四百二十四有传,清正廉洁,爱民,去苛政杂税,多有赈济之义行。

【思考】

请根据以上原典,联系当下财富现象,谈谈自己的感悟。

第十三条

【原典】

《易》曰："何以聚人，曰：财。"财出于地而用于人，人之所以为人，资财以生[1]，不可一日无焉者也。所谓财者，谷与货而已。谷所以资民食，货所以资民用，有食有用，则民有以为生养之具，而聚居托处以相安矣。《洪范》八政，以食与货为首者，此也。大禹所谓"懋迁有无化居"[2]，此六言者，万世理财之法皆出于此。然其所以徙有于无，变化其所居积者，乃为烝民粒食之故耳[3]。

（明）丘濬：《大学衍义补·总论理财之道》

【注释】

① 资：凭借，依托，资助。

② 懋迁有无化居：语出《尚书·虞书》。懋：同"贸"。懋迁：贩运买卖。化：通"货"，指交易活动。居：居积，积储。

③ 烝：众多。粒食：指有米谷可食，泛指粮食。

【译文】

《易经》说："如何聚集民众？要靠财富。"财富源于土地，使用于人。人活着要靠财富来维系，一日也不能离开它。所谓财富，无外乎粮食与财货。粮食让百姓吃饱饭，财物让百姓开支用度。有粮食可以吃，有财物可以用，百姓便具备了生息繁衍的基础，继而能在聚居的地方平安相处。《洪范》里面的"八政"之所以将"食""货"排在前两位，原因就在于此。大禹所说的"懋迁有无化居"，这六个字是千秋万代理财方法的根本。商人之所以互通有无，不断改变囤积货物的种类，正是因为天下万民的饮食多少和种类不断变化。

【拓展】

丘濬（jùn）（1421—1495），明人，又名邱濬，字仲深，号琼台，琼山（今广东海南岛东北部）人，明代经济思想家，明景泰五年（1454）进士，官至礼部尚书，文渊阁大学士。弘治元年（1488），丘濬著《大学衍义补》一书，专论治国平天下之道。此书分门别类地辑录了有关政治、经济、军事、仪礼、教化以及少数民族等方面前人的论述，共一百六十卷，十二部分，其中第三、四部分专门论述财政经济问题。他秉承开源节流、量入为出的原则，在限制土地兼并，稳定粮食价格，重视商品货币，保障商人利益，提倡白银本位制，发展对外贸易，海运代漕运，重视审计与会计诸多方面都有所触及，所涉范围是19世纪中叶以前中国学者中最广阔的，同时也是13—14世纪儒家经济思想的系统化。

【思考】

请根据以上原典，联系当下财富现象，谈谈自己的感悟。

第十四条

【原典】

臣按:人君为治,莫要于制国用。而国之所以为用者,财也。财生于天,产于地,成于人,所以制其用者,君也。君制其用,虽以为国,实以为民,是故君不足则取之民,民不足则取之君,上下通融,交相为用,时敛散,通有无。盖以一人而制其用①,非专用之以奉一人也。是以古之仁君,知其为天守财也,为民聚财也,凡有所用度,非为天,非为民,决不敢轻有所费;其有所费也,必以为百神之享,必以为万民之安,不敢毫厘以为己私也。是何也? 天生五材②,民并用之,君特为民理之耳,非君所得而私有也。苟认以为己物而私用之,不知天生之有限,民力之孔艰,积之百年而不足,散之一日而无余,日消月耗,一旦驯致于府库空虚③,国计匮乏,求之于官,官无储峙④;求之于民,民无盖藏,于是之时,凡百谋为,皆不遂矣。君位何所恃以为安? 国家何所资以为治哉?

(明)丘濬:《大学衍义补·总论理财之道》

【注释】

① 一人:指国君。

② 五材:金、木、水、火、土。

③ 驯:由渐而至。

④ 峙:具,积。

【译文】

臣以为:君主治理国家最关键的莫过于管理国家的开支,而用于支持国家的开支是财富。财富是天地所产生的,是民众所创造的,(皇帝为天之子,普天之下莫非王土,率土之滨莫非王臣)因此能够管理天下财富用度的是国君。国君虽然以国家的名义支配财富,但是实际上是为民众分配财富。因此,国库匮乏时,国君向天下民众敛取财富;民众穷困时,国君将财富分给民众。财富在国君与民众之间周转流通,各便所需,时而汇聚在国君手中,时而分散于天下民众手中,互通有无。因此,虽然国君一人掌控着天下财富的分配大权,但并非只供他一人享用。所以古代的仁德君主知道自己在为上天守护财富,在为天下民众聚积财富。君主所有的财富开支如果不是为了祭祀上天,不是为了天下民众的安定,绝对不敢轻易地动用财富;动用天下财富的时候,一定是为了祭祀上天众神,一定是为了天下民众安定,而不敢出于私心动用毫厘的财富。这是为什么呢? 天生五行:金、木、水、火、土,百姓全部都利用起来了。君主不过是代替百姓管理财富而已,并非君主把天下财富据为己有而私自使用。如果君主把国库的财富当成自己的私人财富而使用,不知道天生财富有限,不知道民生很艰难,财富积累百年也不会丰足,在一天之内却能挥霍殆尽。日消月耗,渐渐导致国库空虚,国家财富匮乏。这时候向官吏寻求财政支持,官吏没有多余储蓄;向民众寻求财政支持,民众也没有多余的钱财。在这种情形之下,各种政事举措都不会取得效果,这样君主的统治地位靠什么来维持稳定呢?国家安定又靠什么来维持呢?

【拓展】

见第十三条。

【思考】

请根据以上原典,联系当下财富现象,谈谈自己的感悟。

第十五条

【原典】

问:《大学》何以言生财?

曰:此正圣贤有用之学。夫《洪范》八政,首诸食货;《禹谟》三事①,终于厚生。理财,王政之要务也。后世迂腐好名者流,不识义利,不辨公私,徒以不言利为高,乃至使人不可以为国。殊不知聚人曰财,理财曰义。又曰义者利之和,则义固未尝不利也。

(明)高拱:《高文襄公集·生财问辨》

【注释】

①《禹谟》:《虞书》的一篇。三事:正德、利用、厚生。

【译文】

问:《大学》是如何论述生财之道的?

答:生财正是圣贤所认为的有用的学问。《洪范》中谈论的"八政"以"食""货"为首;《禹谟》中论述的"三事"以"厚生"为终极目标。理财正是国家仁政的要事。后世那些沽名钓誉的迂腐人士,不懂得义与利的真正含义,不懂得公与私之间的区别,却以闭口不谈财利为清高,(受其干扰)让主持国家政事的人也无法治理好国家。他们竟然不知道把民众聚集起来要靠财富,管理好、使用好财富就是义。《易经》中还说过"义者,利之和也(义的本质在于合理协调各方的利益)","义"和"利"本来就不是一味相互排斥的。

【拓展】

高拱(1513—1578),明人,字肃卿,号中玄,河南新郑人。嘉靖进士,历官国子监祭酒、礼部尚书、文渊阁大学士。有"救时宰相"之称。在经济思想上提出了"义者利之和"的观点,斥责把"义"和"利"完全对立起来的宋儒,"不识义利,不辨公私"是"以名为利者"。有《高文襄公集》传世。

【思考】

请根据以上原典,联系当下财富现象,谈谈自己的感悟。

第十六条

【原典】

不言理财者,决不能平治天下①。何也?民以食为天,从古圣帝明王,无不留心于此者。

(明)李贽:《四书评·大学》

【注释】

① 决:必定。

【译文】

君王没有理财意识,必定无法使天下太平安定。为什么呢?因为民以食为天,自古以来,圣明的君主帝王无不注重理财。

【拓展】

李贽(1527—1602),明人,号卓吾,又号笃吾、宏甫、温陵居士等,泉州晋江(今福建晋江)人,回族。曾任云南姚安知府。他把"百姓日用之学"与人们的衣食等经济生活更明确地联系起来,强调物质经济生活是头等重要的大事。宣扬富国论,赞颂富人,尤其为工商富人辩护。在财政上强调平准均输的作用,同时反对专谈节用、忽视生财的宋明道学家的主张。在财产所有制上坚决主张私有,包括功名利禄,认为私有是推动社会经济活动的不可违反的规律。他用商品交换关系去考察一切社会事物,是新兴市民阶层逐渐形成的历史条件下的产物,反映了市民阶层的利益。有《李氏焚书》《续焚书》《藏书》《李温陵集》等传世。

【思考】

请根据以上原典,联系当下财富现象,谈谈自己的感悟。

第十七条

【原典】

　　财者,国之宝也,民之司命也;宝不可窃,命不可攘①。圣人以百姓为子孙,以四海为府库,无有窃其宝而攘其命者,是以家室皆盈,妇子皆宁。反其道者,输于倖臣之家,藏于巨室之窟。蠹多则树槁②,痈肥则体敝③,此穷富之源,治乱之分也。

　　　　　　　　　　　　　　　　　　　　　　　(清)唐甄:《潜书·富民》

【注释】

　　① 攘(rǎng):侵夺。
　　② 蠹(dù):蛀虫。
　　③ 痈(yōng):脓肿。

【译文】

　　财富是国家的珍宝,是万民的命脉。珍宝不能让人窃取,性命不能让人夺走。圣人将天下民众视为自己的子孙,将四海疆土视为容纳财富的仓库,没有窃人珍宝、夺人性命的事,所以民众富足,他们的妻子儿女生活安定。若反其道而行之,将财富输送到宠臣家中,藏到世家大族那里。蠹虫多了,树木就会枯死;脓疮变大,身体就会受到损害。这是造成国家穷富的根源,也是导致国家安定与动乱的原因。

【拓展】

　　唐甄(1630—1704),清人,原名大陶,字铸万,号圃亭,达州(今四川达县)人。顺治举人,官知县,有政绩。罢官后居吴市经商,经济上主张改良社会、富民,提倡发展农业、商业。有《潜书》传世。

【思考】

　　请根据以上原典,联系当下财富现象,谈谈自己的感悟。

本 章 即 测 即 练

第二章

义与利——财富伦理要论

 导读

　　"义与利"是古代财富伦理思想中论述道德与财富关系的一对基本范畴。本章围绕古人的"义利"思想,选录原典24条。围绕如何处理义与利的关系这条主线,中国古代财富伦理思想大致可以分为三个阶段。

　　先秦时期,以"义利之辩"为主要命题的财富伦理思想呈现两条线索。一条线索是功利主义。管仲提出"人本自利"的人性论,"夫凡人之情,见利莫能勿就,见害莫能勿避",以此为基础形成"仓廪实而知礼节"的道德生成论。后世,《淮南子》中"夫民有余即让,不足则争。让则礼义生,争则暴乱起"等论点都是这条线索的延续。另一条线索是德性主义。孔子提出"君子喻于义,小人喻于利"的命题,确立了"见利思义"的价值取向。孟子进一步提出"何必曰利?"的命题,将经济问题完全归结为一个"仁义而已"的问题。荀子认为"义与利者,人之所两有也",强调"以义制利",并提出义利关系到国家存亡和个人安危,"义胜利者为治世,利克义者为乱世"。

　　汉唐时期,财富伦理思想呈现儒道互补、德性主义和功利主义冲突与融合的特点。例如,董仲舒一方面提出了"正其谊不谋其利,明其道不计其功"的德性主义财富伦理命题;另一方面又继承荀子的"义利两有"论,主张"利以养其体,义以养其心。心不得义不能乐,体不得利不能安"。再如,司马迁既继承了道家的自然人性论,认为"富者,人之情性,人所不学而能者也",又继承了管子"仓廪实而知礼节"的道德生成论,认为"礼生于有而废于无""人富而仁义附焉"。

　　宋明清时期,产生了王安石、李觏、叶适、李贽、王夫之等一批讲究经世致用的"儒家功利主义者"。其中李觏提出"利欲可言"的命题,他说:"利,可言乎? 曰:人非利不生,曷为不可言? 欲,可言乎? 曰:欲者人之情,曷为不可言?"叶适从"就利远害"的人性论出发,提出"以利和义"的命题,他说:"古人以利与人,而不自居其功,故道义光明;既无功利,则道义乃无用之虚语耳。"李贽从"人必有私而后其心乃见"的人性论出发,提出了"穿衣吃饭,即是人伦物理"的命题。王夫之提出"出义入利,人道不立;出利入害,人用不生"观点。颜元则提出:"盖正谊便谋利,明道便计功"的观点。

　　中国历代"求富益货,利义结合"的思想仍具有重要现实意义。

第十八条

【原典】

诗书，义之府也①。礼乐，德之则也②。德义，利之本也③。

《左传·僖公二十七年》

【注释】

① 诗书：本义指的是《诗》和《尚书》，后泛指一般的书籍和诗文。府：处所，寓所。

② 则：模范，此处指外在表现。

③ 利之本：利的根本。

【译文】

《诗》和《尚书》，是道义的寓所。礼和乐，是道德的表现。德和义，是利的根本所在。

【拓展】

《左传》，相传是春秋末年鲁国的左丘明为《春秋》做注解的一部史书，与《公羊传》《穀梁传》合称"春秋三传"，也是中国第一部叙事详细的编年体史书，共三十五卷。该书儒学思想浓厚，为儒家"十三经"之一，其经济思想与一般儒学相同。

【思考】

请根据以上原典，联系当下财富现象，谈谈自己的感悟。

第十九条

【原典】

名以出信,信以守器①,器以藏礼,礼以行义,义以生利,利以平民,政之大节也。

《左传·成公二年》

【注释】

① 器:象征君权的印玺、祭品、车服等。

【译文】

赋予臣子名分来体现君主的威信,威信用来维护君权,君权表现出来就是礼节,礼节用来推行正义,正义推行才能产生财利,用财利来治理百姓,这是治理国家的关键。

【拓展】

见第十八条。

【思考】

请根据以上原典,联系当下财富现象,谈谈自己的感悟。

第二十条

【原典】

且夫富，如布帛之有幅焉①，为之制度，使无迁也。夫民生厚而用利，于是乎正德以幅之，使无黜嫚②，谓之幅利。利过则为败。

《左传·襄公二十八年》

【注释】

① 幅：宽窄。布的宽窄要用幅尺制约，才能合度。
② 黜□(chù màn)：放纵，惰慢。

【译文】

富有的程度就像布帛要有一定宽度，给它规定幅度，让它不能超越。民众总是想生活丰厚、器用富饶，这时就要端正民众的道德而加以限制，让他们不要放肆和惰慢，这叫作限制私利。(民众)私利过了头，(国家)就会失败。

【拓展】

见第十八条。

【思考】

请根据以上原典，联系当下财富现象，谈谈自己的感悟。

第二十一条

【原典】

　　夫凡人之情①，见利莫能勿就，见害莫能勿避。其商人通贾，倍道兼行②，夜以续日，千里而不远者，利在前也。渔人之入海，海深万仞，就彼逆流③，乘危百里，宿夜不出者，利在水也。故利之所在，虽千仞之山，无所不上，深源（渊）之下，无所不入焉。故善者势（执）利之在，而民自美安。不推而往，不引而来，不烦不扰而民自富。如鸟之覆卵，无形无声，而唯见其成。

　　　　　　　　　　　　　　　　　　　　　　　　　　　《管子·禁藏》

【注释】

　　① 夫：发语词，用于句首。凡：表概括。
　　② 倍道：兼程而行。
　　③ 彼：《管子集校》本改为"波"。

【译文】

　　人之常情，趋利避害。受利益的吸引，商人经商，昼夜兼程，不以千里为远；渔人下海捕鱼，面临万仞深渊，逆流冒险航行百里之远，昼夜出没在风浪之中，因为从海水中能得到利益的缘故。只要有利益在的地方，即便是千仞高山，人也会攀登上去；即便是万丈深渊，人也会潜入下去。所以善于治国的君主只要抓住利益这个关键进行施政，百姓自然而然安居乐业。不用强迫，百姓就会前往；不必引导，百姓就会赶来；不需扰民，百姓就能富裕。如同鸟儿孵卵，虽然没有形影没有声音，小鸟也能破壳而出。

【拓展】

　　见第二条。

【思考】

　　请根据以上原典，联系当下财富现象，谈谈自己的感悟。

第二十二条

【原典】

子曰:"放于利而行①,多怨。"

《论语·里仁》

【注释】

① 放(fǎng):依照,根据。利:利益,这里指个人利益。

【译文】

孔子说:"只是依据个人利益而行动,会招致很多怨恨。"

【拓展】

《论语》,孔子言论的汇编,儒家最重要的经典。由孔子门生及再传弟子集录整理,是研究孔子及儒家思想的主要资料。其中"仁""礼"等概念是儒家思想的核心。在经济思想上有"见利思义"的价值观,有"富国教民"的生产观,有"均而安"的分配观和"黜奢崇俭"的消费观,对后世两千年的经济思想产生了重要的影响。

【思考】

请根据以上原典,联系当下财富现象,谈谈自己的感悟。

第二十三条

【原典】

子曰:"饭疏食饮水,曲肱而枕之,乐亦在其中矣。不义而富且贵,于我如浮云。①"

《论语·述而》

【注释】

① 句意为:通过不正当的行为而得来的富贵,在我看来好比浮云一样。

【译文】

孔子说:"吃粗粮,喝冷水,弯着胳膊做枕头,也有乐趣啊。通过不正当的行为而得来的富贵,在我看来好比浮云一样(不值得去追求这样的富贵)。"

【拓展】

见第二十二条。

【思考】

请根据以上原典,联系当下财富现象,谈谈自己的感悟。

第二十四条

【原典】

子曰："……今之成人者①，何必然？见利思义，见危授命，久要不忘平生之言②，亦可以为成人矣。"

《论语·宪问》

【注释】

① 成人：全人，完人。
② 久要：要，同"约"，穷困。平生之言引申为理想追求。

【译文】

孔子说："……现在的完人哪里一定要（像上面说的）那样？看见利益便能想到应不应该得到，遇到危险便肯付出生命，经过长久的穷困日子都不忘记自己的理想追求，这样就可以算是完人了。"

【拓展】

见第二十二条。

【思考】

请根据以上原典，联系当下财富现象，谈谈自己的感悟。

第二十五条

【原典】

民之性,饥而求食,劳而求佚,苦则索乐,辱则求荣,此民之情也。……故民生则计利,死则虑名。名利之所出,不可不审也①。

《商君书·算地》

【注释】

① 审:详察;慎重。

【译文】

人在饥饿时渴望食物,劳累时盼望休息,痛苦时渴求快乐,受辱时渴望尊荣,这是人的本性。……因此,人会考虑活着时候的利益,死了以后的名声。名声和利益如何让人得到呢? 这是国君不得不慎重考虑的事。

【拓展】

商鞅(约公元前395—前338),战国时卫国人。商鞅在秦国变法,实行奖励耕战的政策,为秦后来统一六国奠定了经济基础和制度基础。在经济上的主要思想和措施是,国家按军功分配土地和权力,提出了完整的重农抑商举措,同时控制山泽,实行粮食官营。有《商君书》(《商子》)一书传世。

【思考】

请根据以上原典,联系当下财富现象,谈谈自己的感悟。

第二十六条

【原典】

孟子见梁惠王。王曰:"叟! 不远千里而来,亦将有以利吾国乎?"

孟子对曰:"王何必曰利? 亦有仁义而已矣。王曰,何以利吾国? 大夫曰,何以利吾家? 士庶人曰,何以利吾身? 上下交征利而国危矣[①]。万乘之国,弑其君者,必千乘之家;千乘之国,弑其君者,必百乘之家。万取千焉,千取百焉,不为不多矣。苟为后义而先利,不夺不餍[②]。未有仁而遗其亲者也,未有义而后其君者也。王亦曰仁义而已矣,何必曰利?"

《孟子·梁惠王章句上》

【注释】

① 交:相互交错。征:取。

② 餍(yàn):满足。

【译文】

孟子谒见梁惠王。惠王说:"老先生不远千里而来,那一定会给我的国家带来什么利益吧?"

孟子答道:"大王,为什么要言必称利呢? 只要讲仁义就足够了。如果大王说'什么对我的国家有利?'大夫说'什么对我的封地有利?'那么士子和老百姓就会说'怎么才能有利于我自己呢?'这样便自上而下相互追逐私利,国家就危险了。拥有万辆兵车的国家,杀死他们国君的,一定是拥有千辆兵车的大夫;拥有千辆兵车的国家,杀死他们国君的,一定是拥有百辆兵车的大夫。在一万辆兵车中拥有一千辆,在一千辆兵车中拥有一百辆,这不能说不多了。如果他们都轻义而重利,那么不把国君的权力全部夺去是不会满足的。从来没有讲究仁爱却遗弃父母的,也没有追求道义而怠慢自己国君的。大王只要讲仁义就可以了,为什么要言必称利呢?"

【拓展】

孟轲(约公元前372—前289),邹国(今山东邹城)人。战国时期儒家学派的代表人物之一,与孔子并称"孔孟"。孟子宣扬"仁政",在经济思想上有"何必曰利"的道义论,"恒产"与"恒心"的辩证观,"劳力"与"劳心"的社会分工论,对后世影响颇大。有《孟子》一书传世,为其言论汇编,由其弟子共同编写。

【思考】

请根据以上原典,联系当下财富现象,谈谈自己的感悟。

第二十七条

【原典】

义与利者,人之所两有也。虽尧、舜不能去民之欲利,然而能使其欲利不克其好义也[①]。虽桀、纣亦不能去民之好义,然而能使其好义不胜其欲利也。故义胜利者为治世,利克义者为乱世。上重义则义克利,上重利则利克义。

《荀子·大略》

【注释】

① 克:胜过;超过。

【译文】

求义和逐利,是人本性兼有的。即使是尧、舜这样的贤君也不能除去民众逐利的本性,但是能够使他们逐利敌不过求义。即使是夏桀、商纣这样的暴君也不能去掉民众对道义追求的本性,只不过让他们求义敌不过逐利。所以求义胜过逐利就是治世,逐利胜过求义就是乱世。君主推重义,求义就能制服逐利;君主推重利,逐利就会胜过求义。

【拓展】

荀况(约公元前313—前238年),赵国人,时人尊而号为卿。他是战国后期把儒家和法家思想加以融合的儒学大师。在先秦诸子中,荀子谈经济问题较多。在经济上他提出了强本重农,藏富于民,"下富则上富"的富国论;在义利问题上,提出"义与利者,人之所两有"的价值论;对工商业者既肯定又限制;对国家则提出崇尚节俭、开源节流的思想,成为后世普遍遵循的指导方针。有《荀子》一书传世。

【思考】

请根据以上原典,联系当下财富现象,谈谈自己的感悟。

第二十八条

【原典】

医善吮人之伤①，含人之血，非骨肉之亲也，利所加也②。故舆人成舆③，则欲人之富贵；匠人成棺，则欲人之夭死也。非舆人仁而匠人贼也④。人不贵，则舆不售；人不死，则棺不买。情非憎人也⑤，利在人之死也。故后妃、夫人、太子之党成而欲君之死也，君不死则势不重。情非憎君也，利在君之死也。

《韩非子·备内》

【注释】

① 医：医生。善：用心。
② 加：施及。这里是驱使的意思。
③ 舆人：造车的工匠。
④ 贼：残忍。
⑤ 情：实情。意谓实际上。

【译文】

医生用心地吸吮病人的伤口，口含病人的污血，这并不是因为他和病人有骨肉之亲，而是因利所驱。所以车匠造好车子，就盼望别人富贵；木匠做好棺材，就盼望别人早死。这并不是因为车匠心善而木匠歹毒，而是因为别人不富贵，车子就卖不掉；别人不死，棺材就没人买。木匠的本意并不是憎恨别人，而是因为他的利益建立在别人的死亡上。所有后妃、夫人、太子的私党结成以后就盼望君主赶快死去，因为君主如果不死，那么他们的权势就不变大。他们的本意并不是憎恨君主，而是因为他们的利益建立在君主的死亡上。

【拓展】

韩非(公元前280—前233)，战国时韩国人，战国末期法家思想的代表人物。在经济思想方面，提出了"挟自为心"的人性论，认为人都有"计算之心"，人与人的关系是"计数之所出"，相与为市；在继承商鞅思想的基础上，提出了重本抑末的生产伦理观，提出"富国以农"，奖励耕战，把"工商之民"斥为"五蠹"之一；同时主张"富国"，不赞成"富民"，反对政府的济贫政策；此外还提出了奢侈"养殃"的消费观。有《韩非子》一书传世。

【思考】

请根据以上原典，联系当下财富现象，谈谈自己的感悟。

第二十九条

【原典】

夫民有馀即让，不足则争。让则礼义生，争则暴乱起。扣门求水，莫弗与者，所饶足也①。林中不卖薪，湖上不鬻鱼②，所有余也。故物丰则欲省，求澹则争止③。

《淮南子·齐俗训》

【注释】

① 饶足：丰富。

② 鬻(yù)：卖。

③ 澹：通"赡"，供给；充足。

【译文】

民众生活富足就会谦让，民众生活贫困就会争抢。礼义源于谦让，暴乱源于争斗。敲门讨水喝，没人不给，因为水很充足。山林中不卖柴薪，河湖边不卖鱼虾，因为那里不缺这些。因此，如果民众物质丰富，他们的贪欲就会收敛；如果民众的需求得到满足，争斗自然停息。

【拓展】

《淮南子》，西汉淮南王刘安及其门客所著的一部杂家著作。据《汉书·艺文志》所录，该书分内外两部分，其中内篇论道有21篇，外篇杂说，有33篇。今仅流传内篇。该书以道家思想为主，糅合儒、法、阴阳五行各家，超越门户之见。在经济上提倡上因天时、下尽地财、中用人力的重农思想和措施，同时肯定社会分工的合理性，从而承认工商业者存在的合理性，持积极发展态度。

【思考】

请根据以上原典，联系当下财富现象，谈谈自己的感悟。

第三十条

【原典】

天之生人也，使之生义与利。利以养其体，义以养其心。心不得义不能乐，体不得利不能安。义者，心之养也；利者，体之养也。体莫贵于心，故养莫重于义，义之养生人大于利矣。……

夫人之有义者，虽贫能自乐也。而大无义者，虽富莫能自存。吾以此实义之养生人，大于利而厚于财也。民不能知而常反之，皆忘义而徇①利，去理而走邪，以贼其身而祸其家。此非其自为计不忠也，则其知之所不能明也②。

（汉）董仲舒：《春秋繁露·身之养重于义》

【注释】

① 徇：通"殉"。
② 忠：诚心尽力，后特指下级对上级的忠诚，此处是思虑全面。知：通"智"。

【译文】

上天创造了人，就让人有求义和逐利的天性。财货滋养身体，道义修养内心。内心没有道义支撑就不会快乐，身体得不到财货滋养就不得安适。道义修养的是内心，财货滋养的是身体。身体中最宝贵是心，所以道义的修养最为宝贵，道义比财货更能滋养身体、修养内心……

道义在身的人，即便贫穷，也能得到快乐；没有道义的人，虽然富裕，也不能保全自己；据此可知，道义养人比财货养人更为重要。民众不明白这一点，常常背道而驰，抛却道义，不惜性命去追求财利。这种做法背离了事理，大行邪道，让自身与家庭都蒙受祸害，这若不是他自我谋划不全面，就是他不够明智。

【拓展】

董仲舒（前179—前104），西汉广川（今河北枣强）人，哲学家，今文经学大师。武帝时提出"罢黜百家，独尊儒术"的建议被采纳后，影响了后来中国两千年的历史。在经济上，他针对当时土地兼并剧烈，"贫者亡立锥之地"，贫富悬殊的情况，上《限民名田疏》，主张抑制兼并，同时建议取消盐铁官营，减轻赋税、徭役，严禁残害奴婢等。有《春秋繁露》和《董子文集》传世。

【思考】

请根据以上原典，联系当下财富现象，谈谈自己的感悟。

第三十一条

【原典】

夫仁人者,正其谊不谋其利①,明其道不计其功,是以仲尼之门,五尺之童羞称五伯②,为其先诈力而后仁谊也。苟为诈而已,故不足称于大君子③之门也。

《汉书·董仲舒传》

【注释】

① 谊:通"义"。
② 伯:通"霸",五伯,指的是春秋五霸。
③ 大君子:指孔丘。

【译文】

仁人的言行合乎正义而不谋私利,发扬大道却不计较个人得失,所以孔子的门徒,即使是未成年的孩童也羞于谈论五霸,因为五霸推崇欺诈和武力不注重仁义。(越王勾践君臣)只不过是实行不正当的诈术罢了,所以不值得孔子的门徒谈论。

【拓展】

见第三条。

【思考】

请根据以上原典,联系当下财富现象,谈谈自己的感悟。

第三十二条

【原典】

"仓廪实而知礼节,衣食足而知荣辱。"礼生于有而废于无。故君子富,好行其德;小人富,以适其力。渊深而鱼生之,山深而兽往之,人富而仁义附焉。富者得势益彰,失势则客无所之①,以而不乐,夷狄益甚②。谚曰:"千金之子,不死于市③。"此非空言也。故曰:"天下熙熙,皆为利来;天下攘攘④,皆为利往。"夫千乘之王,万家之侯,百室之君,尚犹患贫,而况匹夫编户之民乎⑤!

《史记·货殖列传》

【注释】

① 客无所之:想为别人门客都没处去。

② 益甚:更厉害。

③ 不死于市:不致犯罪被杀。

④ 攘:通"嚷"。

⑤ 编户之民:编入户口册的平民。

【译文】

"仓库储备充实,老百姓才能懂得礼节;衣食丰足,老百姓才能分辨荣辱。"礼仪是在富有的时候产生的,到贫困的时候就废弃了。因此,君子富了,才肯施恩德;平民富了,才能调节自己的劳力。水深,鱼自然会聚集;山深,兽自然会奔去;人富了,仁义自然归附。富人得了势,声名就更显著;一旦失势,想为别人门客都没处去,因而不快活,在夷狄外族,这种情况则更厉害。俗话说:"家有千金的人,不会死在市上。"这不是空话啊。所以说:"天下的人乐融融,都是为财利而来;天下的人闹嚷嚷,都是为财利而往。"兵车千辆的国君,食邑万户的诸侯,食禄百户的大夫,尚且还都怕穷,更何况普通的平民百姓呢!

【拓展】

《史记》,"前四史之首",西汉司马迁(公元前145—前86)著。司马迁,字子长,龙门(今陕西韩城)人。司马迁既受到了良好的教育,又有两次壮游天下的经历,后继承其父司马谈太史令的官职著史。在《史记》写作的过程中,司马迁因"李陵之祸"遭腐刑,为完成《史记》,他忍受了巨大的屈辱。他著史的目的不是单纯地记录历史,而是要"究天人之际,通古今之变,成一家之言",即要探究天地宇宙与人类社会的关系,探讨历代兴衰成败和社会变化的规律。除了精彩的人物传记外,司马迁有两篇有关财政和经济的篇章:《平准书》与《货殖列传》。《平准书》记叙了西汉初年到汉武帝时期国家财政、经济状况以及制度和政策的沿革变迁;《货殖列传》则记叙了当时全国各地的物产、风俗和经济情况,并为春秋末年到西汉时期的著名工商业者作传,总结了他们不同的商业经营和管理经验。司马迁认为追求财利是人的本性，并重视财利，重视商业，这与战国以来法家把商业视为"末业"、商贾视为"贱民"一味"重农抑商"的思想有很大的不同。

【思考】

请根据以上原典，联系当下财富现象，谈谈自己的感悟。

第三十三条

【原典】

富者，人之情性，所不学而俱欲者也。故壮士在军，攻城先登，陷阵却敌，斩将搴旗①，前蒙矢石②，不避汤火之难者，为重赏使也。其在闾巷少年，攻剽椎埋③，劫人作奸，掘冢铸币④，任侠并兼，借交报仇，篡逐幽隐⑤，不避法禁，走死地如骛者⑥，其实皆为财用耳！今夫赵女郑姬⑦，设形容⑧，揳鸣琴⑨，揄长袂⑩，蹑利屣⑪，目挑心招，出不远千里，不择老少者，奔富厚也。游闲公子，饰冠剑，连车骑，亦为富贵容也。弋射渔猎⑫，犯晨夜，冒霜雪，驰阮谷，不避猛兽之害，为得味也。博戏驰逐⑬，斗鸡走狗⑭，作色相矜画⑮，必争胜者，重失负也⑯。医方诸食技术之人，焦神极能，为重糈也⑰。吏士舞文弄法，刻章伪书，不避刀锯之诛者，没于赂遗也⑱。农、工、商、贾畜长⑲，固求富益货也。此有知尽能索耳⑳，终不余力而让财矣。

《史记·货殖列传》

【注释】

① 搴：拔取。

② 蒙：冒着。矢石：箭和滚石，古时守城的武器。

③ 攻剽：抢劫。椎埋：杀人埋尸。

④ 掘冢：盗墓。

⑤ 篡逐幽隐：夺取隐藏，发人阴私。

⑥ 走死地如骛者：向着犯死罪的地方急跑。骛：快马奔驰。

⑦ 赵女郑姬：泛指美女。

⑧ 设形容：指化妆打扮。

⑨ 揳：通"戛"，弹奏。

⑩ 揄：挥动。长袂：长袖。

⑪ 蹑：穿着。利屣：尖头鞋。

⑫ 弋：用绳系在箭上射。

⑬ 博戏：一种赌财物输赢的棋类游戏。驰逐：指赛马。

⑭ 走狗：驱狗出猎。

⑮ 作色相矜：指极为认真，互不认输。

⑯ 重失负：意谓把胜负看得很重。

⑰ 糈：粮食，指报酬。

⑱ 没于：意谓醉心于。没，通"殁"，死。

⑲ 畜：通"蓄"。长：增加。

⑳ 索：索取。

【译文】

求富,是人们的本性,用不着学习,就都会去追求。所以,壮士在军队中,打仗时攻城先登,遇敌时冲锋陷阵,斩将夺旗,冒着箭射石击,不避赴汤蹈火,艰难险阻,是因为重赏的驱使。那些住在乡里的青少年,杀人埋尸,拦路抢劫,盗掘坟墓,私铸钱币,伪托侠义,侵吞霸占,借助同伙,图报私仇,暗中追逐掠夺,不避法律禁令,往死路上跑如同快马奔驰,其实都是为了钱财罢了。如今赵国、郑国的女子,打扮得漂漂亮亮,弹着琴瑟,舞动长袖,踩着轻便舞鞋,用眼挑逗,用心勾引,出外不远千里,不择年老年少,招徕男人,也是为财利而奔忙。游手好闲的贵族公子,帽子宝剑装饰讲究,外出时车辆马匹成排结队,也是为大摆富贵的架子。猎人渔夫,起早贪黑,冒着霜雪,奔跑在深山大谷,不避猛兽伤害,为的是获得各种野味。进出赌场,斗鸡走狗,个个争得面红耳赤,自我夸耀,必定要争取胜利,是因为重视输赢。医生、方士及各种靠技艺谋生的人,劳神过度,极尽其能,是为了得到更多的报酬。官府吏士,舞文弄墨,私刻公章,伪造文书,不避斫脚杀头,这是由于陷没在他人的贿赂之中。至于农、工、商、贾储蓄增殖,原本就是为了谋求增添个人的财富。如此绞尽脑汁,用尽力量地索取,终究是为了不遗余力地争夺财物。

【拓展】

见第三十二条。

【思考】

请根据以上原典,联系当下财富现象,谈谈自己的感悟。

第三十四条

【原典】

世人之论也，靡不贵廉让而贱财利焉；及其行也，多释廉甘利①。之於人徒知彼之可以利我也②，而不知我之得彼，亦将为利人也。……

且夫利物莫不天之财也。天之制此财也，犹国君之有府库也。赋赏夺与，各有众寡，民岂得强取多哉？故人有无德而富贵，是凶民之窃官位、盗府库者也，终必觉，觉必诛矣。盗人必诛，况乃盗天乎？……自古于今，上以天子，下至庶人，蔑有好利而不亡者③，好义而不彰者也。

（东汉）王符：《潜夫论·遏利》

【注释】

① 释：通"舍"，舍弃，抛弃。甘：嗜好。
② 之於：读为"至於"。
③ 蔑：无。

【译文】

人们议论的时候，都推崇廉洁、谦让而轻视财货、利益，真的做事的时候却大都抛弃廉洁而贪图利益。这些人只知道财利对自己有益，却不知自己获得了财利的同时也将被人渔利……

大自然所赐的财富对人最为有利。上天控制这些财富，如同国君掌握国家的仓库一样。国君的赏赐、剥夺、给予，或多或少，有一定的标准，民众哪里能够强行多取呢？所以一个人无德却富贵，就如同凶顽的人窃取官位和偷盗了国家仓库一样，最终一定会被人发觉，发觉后就一定会被惩罚。偷窃别人的东西尚且被惩罚，更何况偷盗上天的财物呢？……从古至今，上自皇帝，下至庶民，没有贪财而不灭亡的，也没有崇尚道义而不闻名的。

【拓展】

王符（约85—163），字节信，东汉安定临泾（今甘肃镇原）人，哲学家。在经济上主张崇本抑末、薄葬节俭，反对浮侈，要求爱惜民力，其核心是"以农为本"的"富国"主张，继承和发展了传统儒家的民本思想，同时阐述了农、工、商三者的关系，提出了"守本离末则民富，离本守末则民贫"的辩证认识。有《潜夫论》一书传世。

【思考】

请根据以上原典，联系当下财富现象，谈谈自己的感悟。

第三十五条

【原典】

利,可言乎? 曰:人非利不生,曷为不可言①? 欲,可言乎? 曰:欲者人之情,曷为不可言? 言而不以礼,是贪与淫,罪矣②。不贪不淫,而曰"不可言",无乃贼人之生,反人之情! 世俗之不喜儒以此。孟子谓"何必曰利"③,激也④。焉有仁义而不利者乎? 其书数称汤⑤、武将以七十里、百里而王天下⑥,利岂小哉? 孔子七十,所欲不踰矩⑦,非无欲也。于《诗》,则道男女之时,容貌之美,悲感念望,以见一国之风,其顺人也至矣⑧!

(宋)李觏:《原文》,《李觏集》卷二十九

【注释】

① 曷:何。

② 言而不以礼:意谓言利和欲而不用礼义来加以约束。淫:过度,放纵。

③ 语见《孟子·梁惠王上》。

④ 激:指偏激,过激。

⑤ 数(shuò):屡次。

⑥ 王(wàng)天下:统一天下。

⑦ 语见《论语·为政》;"七十而从心所欲,不逾矩"意谓到了70岁便随心所欲,任何念头都不会超出礼义规范。

⑧ 见:通"现",显露,展现。顺人:顺应人情。至:极,此处表真实,真诚。

【译文】

财利可以谈论吗? 答:人们离开财利便无法生存,谈论财利有何不可? 欲望可以谈论吗? 答:有欲望是人之常情,谈论欲望有何不可? 不过,谈论财利和欲望的时候,违背了礼义而流于贪婪和放纵,那就是罪恶了。如果对财利和欲望的追求并未流于贪婪和放纵,却说"不可谈论",这无疑是伤害别人的生命,违反人情。普通民众不喜欢儒家的原因就在这里。孟子说"何必曰利",不免失之偏激。哪里有离开了利益的仁义呢? 孟子的著作中多次提到商汤和周武王分别以方圆七十里、百里的土地统一天下,他们获取的利益还小吗? 孔子70岁"所欲不逾矩",并不是没有欲望啊。至于《诗经》中记述男女之情,容貌之美,人的悲伤、感怀、思念、愿望等感情,足以展现出一个国家的风土人情,所以《诗经》是真实地反映了人之常情啊!

【拓展】

见第九条。

【思考】

请根据以上原典,联系当下财富现象,谈谈自己的感悟。

第三十六条

【原典】

"正谊不谋利,明道不计功"①,初看极好,细看全疏阔②。古人以利与人,而不自居其功,故道义光明;既无功利,则道义乃无用之虚语耳。

(宋)叶适:《习学记言》卷二十三

【注释】

① 语出《汉书·董仲舒传》,译文见第三十一条。
② 疏阔:疏漏迂阔。

【译文】

"正谊不谋利,明道不计功",这句话乍看特别好,仔细看却发现根本不切实际。古人让利于人而不自恃其功,因此道义被发扬光大。如果没有了功利,道义便成了无用的空话。

【拓展】

叶适(1150—1223),字正则,号水心居士,世称水心先生,温州永嘉(今浙江温州)人,南宋经济思想家。淳熙间进士,官至江淮制置使。经济思想激进,反对"以义抑利",主张"以利和义",强调物质财富的作用。重视理财,主张"取之于民,用之于民",是功利主义与民本思想的结合。反对抑末厚本和国家干涉商业活动,主张让民间自由进行商品货币交换,进而主张给予工商业者以参政机会。有《水心文集》《习学纪言》等传世。

【思考】

请根据以上原典,联系当下财富现象,谈谈自己的感悟。

第三十七条

【原典】

君子未尝不欲利,但专以利为心①,则有害。惟仁义则不求利而未尝不利也。

(宋)朱熹:《四书集注·孟子·梁惠王上》

【注释】

① 但:只,只是,不过。

【译文】

君子并不是不想谋利,不过如果一心只为谋利就有害了。只有仁义不求谋利却无往不利。

【拓展】

朱熹(1130—1200),字元晦,又字仲晦,号晦庵,晚称晦翁,徽州府婺源县(今江西婺源)人,南宋思想家。在经济方面,主张以农为本、富民教民;分配上贫富有度;商品交易中提倡诚信无欺,众和互利;消费中以理制欲,黜奢崇俭。其思想将传统的"义利之辩"上升为"理欲之辩",把传统儒学经济伦理进行了升华的同时把天理和人欲对立了起来,把经济陷入了泛道德主义的制约中,有一定消极的影响。后人辑有《朱子大全》《朱子集语象》等书传世。

【思考】

请根据以上原典,联系当下财富现象,谈谈自己的感悟。

第三十八条

【原典】

义利,只是个头尾。君子之于事,见得是合如此处,处得其宜①,则自无不利矣,但只是理会个义,却不曾理会下面一截利。小人却见得下面一截利,却不理会事之所宜。往往两件事都有利,但那一件事之利稍重得分毫,便去做那一件。

(宋)朱熹:《朱子语类》卷二十七

【注释】

① 宜:通"义"。

【译文】

义和利就如同头和尾。君子做事,按照合乎道义的原则,做事就能体现"义",自然无往不利。不过这样做只是仅仅关注到了"义",却没有关注到下面的一半"利"。小人行事只看到下面的"利",根本不管是否合乎道义。在两件事都有利可图的时候,哪一件利益好处稍微大一点点,小人便去做哪一件。

【拓展】

见第三十七条。

【思考】

请根据以上原典,联系当下财富现象,谈谈自己的感悟。

第三十九条

【原典】

夫私者,人之心也。人必有私而后其心乃见,若无私则无心矣。如服田者私有秋之获,而后治田必力;居家者私积仓之获,而后治家必力;为学者私进取之获,而后举业之治也必力。故官人而不私以禄,则虽召之,必不来矣。苟无高爵,则虽劝之,必不至矣。虽有孔子之圣,苟无司寇之任,相事之摄①,必不能一日安其身于鲁也,决矣。此自然之理,必至之符②,非可以架空而臆说也。

（明）李贽:《藏书·德业儒臣后论》

【注释】

① 司寇之任,相事之摄:孔丘曾任鲁国大司寇,并摄行相事。

② 符:相合,引申为结果。

【译文】

有私心是人的本性。人一定是有私心然后才能显露出他的本性。如果一味无私心,则真实的本性并未显露。比如,种田的人私下考虑到秋天的收成,才会努力耕耘;主持家政的人私下考虑到仓库的财货,治理家庭才更加用心;求学的人私下考虑到高官厚禄,准备考试就更加卖力。所以官员没有俸禄给他们私有,即便朝廷征召,他们也不会上任;如果没有高官爵位给他们,即便鼓励,他们也不会出仕。即便孔子那样的圣人,如果不委任他做大司寇,代理国相的职务,肯定一天也不会安心留在鲁国。一定会离开!这是自然的道理,必然的结果,而不可不切实际地主观臆断。

【拓展】

见第十六条。

【思考】

请根据以上原典,联系当下财富现象,谈谈自己的感悟。

第四十条

【原典】

立人之道曰义，生人之用曰利。出义入利，人道不立[①]；出利入害，人用不生。智者知此者也，智如禹而亦知此者也。呜呼！义利之际，其为别也大；利害之际，其相因也微。夫孰知义之必利，而利之非可以利者乎！夫孰知利之必害，害之不足以害者乎！诚知之也，而可不谓大智乎？

（清）王夫之：《尚书引义》

【注释】

① 人道：社会伦理关系。

【译文】

人们的立身之道称为"义"，满足人们的日常所需称为"利"。（在处理思考和处理问题时）如果所有人不谈"义"，只谈"利"，社会就失去了伦理道德；完全不谈"利"，就会带来损害，生活无法为继。智者了解这一点，大禹那样的智者也了解这一点。唉！义利抉择，何去何从，差别甚大。利害权衡，相互转化，关系微妙。如果所有人都明白求义必然会带来利，那么众人就都会以义求利，那么利就不是真正的利了。如果知道一味求利必然带来危害，那么认识到这种危害，危害就不足以带来真正的危害。如果真的明白这种联系，难道不是大智慧吗？

【拓展】

王夫之（1619—1692），字而农，别号姜斋，湖南衡阳人，世人称其船山先生或夕堂先生，明亡后，以明遗民自居，思想家。在经济上对赋税、货币、土地、农商、对外贸易等方面皆有所论，然而他在对待商业和商人的态度上，存在明显的矛盾。有《船山遗书》等书传世。

【思考】

请根据以上原典，联系当下财富现象，谈谈自己的感悟。

第四十一条

【原典】

世有耕种而不谋收获者乎？世有荷网持钩而不计得鱼者乎①？抑将恭而不望其不侮，宽而不计其得众乎？……盖正谊便谋利，明道便计功，是欲速，是助长；全不谋利计功，是空寂②，是腐儒。

（清）颜元：《教及门》《颜习斋先生言行录》卷下

【注释】

① 荷：扛着，引申为"撒"。
② 空寂：代指佛门。

【译文】

世上有只耕种而不求收获的人吗？世上有只撒网垂钓而不考虑捕到鱼的人吗？有态度谦逊却希望招致侮辱，为人宽厚却不希望众人拥护的人吗？……求义就是谋利，弘道就是计功，（求义和弘道）是为了加速和促进求利。全然不考虑功利，那是佛门与腐儒的做派。

【拓展】

颜元（1635—1704），字易直，一字浑然，号习斋，河北博野（今保定博野）人，清初著名的政治思想家、实学家。在经济思想方面，主张经世致用，对当时土地兼并提出"平均"土地的"井田"方案；重视"工艺之术"的技能，在讲学时，曾把它作为四科之一讲授，为清初学者中所罕见，开创颜李学派。有《四存编》《习斋记余》传世。

【思考】

请根据以上原典，联系当下财富现象，谈谈自己的感悟。

本章即测即练

第 三 章

本与末——财富生产要论

导读

　　"本、末"是古代专论国民经济分工关系的用语。本章围绕古人的"本末"思想,选录原典 30 条。

　　中国古代经济思想界出现的"本末之辩",其实质是农业与工商业关系的论争。在古代,通常"本"是指自然经济下的农业,"末"是指从农业中分离出来的工商业。从这种概念的界定上,可以看出中国古代思想家对农工商关系的一般看法。但由于各个历史时期政治、经济条件不同,"本末观"也不完全相同。最先使用本末观的商鞅、韩非主张"重本轻末",中有司马迁的"本富、末富"说,渐变为王符的"皆本论",最后发展到康有为、梁启超等人提出的"以商、以工立国"论。这一思想历程反映了自然经济向商品经济逐步过渡的经济演变。

　　重本思想。古人对经济生活的思考直接来源于生产实践,人们的衣食住行无一不与农业生产相关联。历代思想家、政治家认识到农业是立国的根本,只有重视农业,大力发展农业生产,才能达到国富民安的目标。周宣王时,虢文公说:"夫民之大事在农……王事唯农是务。"商鞅认为只有坚持农战才能兴国安邦,他在《商君书·农战》中写道:"国之所以兴者,农战也。""圣人知治国之要,故令民归心于农。归心于农,则民朴而可正也,纷纷则易使也,信可以守战也。"关于如何发展农业生产,不少思想家、政治家根据当时的社会条件提出一些重要措施。一是劝农。汉文帝诏曰:"农,天下之大本也,民所恃以生也……今兹亲率群臣农以劝之。"景帝称:"朕亲耕,后亲桑,为天下先。"二是贵粟。管子说:"不生粟之国,亡;粟生而死者,霸;粟生而不死者,王。"三是勿夺农时,备荒救灾。虢文公明确要求一年之中,"三时(春、夏、秋三季)务农而一时讲武",以不干农功。唐太宗指出:"凡营衣食以不失时为本。夫不失时者,在人君简静乃可致耳。"备荒救灾则应"薄赋敛,广蓄积,以实仓廪"。

　　重本不抑末思想。社会经济是一个有机的整体,是由农、虞、工、商各个部门构成的。《管子·治国》指出:"粟者,王之本事也,人主之大务,有人之途、治国之道也。"《管子》把农业和治国相结合,而不是把农业和战争相联系,这种经济发展观显然比以往的"农战"观更注重可持续发展。《管子》重农但不抑工商,肯定农、士、商、工四民的分工,《管子·牧民》又指出:"天下不患无财,患无人以分之。"荀子认为农工商业全面发展,才能"百事不废,是之谓政令行,风俗美"。司马迁强调本与末相结合,即"以末致财,用本守之"。并将各业并举提高到富国、富家的高度来认识,他说:"农而食之,虞而出之,工而成之,商而通之。"

"此四者,民所衣食之原也。原大则饶,原小则鲜。上则富国,下则富家。"桑弘羊从国民经济各部门之间的有机联系出发,肯定工商业,"工不出则农用乏,商不出则宝货绝;农用乏则谷不效,宝货绝则财用匮"。民众生活必需品都要"待商而通,待工而成",所以,国家应该"开本末之途,通有无之用"。张居正主张农商并利,认为"商不得通有无以利农,则农病;农不得力本穑以资商,则商病"。因此,应"厚农而资商""厚商而利农"。

工商皆本思想。王符认为工商各有本末。"富民者以农桑为本,以游业为末,百工者以致用为本,以巧饰为末,商贾者以通货为本,以鬻奇为末。""三者守本离末则民富。"王符对本末概念所做的新解释,通过曲折的手法否定了农本工商末的教条。明末思想家黄宗羲进一步提出"工商皆本"思想。王夫之更主张发展对外贸易,才能使"本固邦宁……利于国,惠于民"。他批判闭关自守政策是"自困之术"。清代蓝鼎元则提出"宜大开禁网,听民贸易,以海外之有余,补内地之不足"的主张。郑观应尤其强调"商务者国家之元气也"。

中国古代"重农务本,通商惠工"的思想仍具有重要现实意义。

第四十二条

【原典】

日中为市[①]，致天下之民[②]，聚天下之货，交易而退，各得其所。

《易经·系辞下》

【注释】

① 日中：中午。市：市场。
② 致：招引。天下之民：泛指各地前来交换物品的人们。

【译文】

中午时集市贸易，招徕全国的百姓，聚集各地的财物，交易完了就回去，各人获得自己所需的东西。

【拓展】

见第一条。

【思考】

请根据以上原典，联系当下财富现象，谈谈自己的感悟。

第四十三条

【原典】

大宰之职……以九职任万民^①：一曰三农，生九谷；二曰园圃，毓草木^②；三曰虞衡，作山泽之材；四曰薮牧，养蕃鸟兽；五曰百工，饬化八材；六曰商贾^③，阜通货贿^④；七曰嫔妇，化治丝枲^⑤；八曰臣妾^⑥，聚敛疏材^⑦；九曰闲民，无常职，转移执事。

《周礼·天官冢宰》

【注释】

① 九职：九种职务；任：事，从事。
② 毓：同"育"。草木：指瓜果蔬菜。
③ 商贾：行曰商；处（坐卖）曰贾。
④ 阜：盛。贿：财物。
⑤ 枲（xǐ）：麻。
⑥ 臣妾：男女贫贱之称，即奴婢。
⑦ 疏材：蔬菜、瓜果。

【译文】

太宰的职务……以九种职业管理万民：第一是三农，生产九种谷物；第二是园圃，种植瓜果蔬菜；第三是虞衡，负责山林川泽的产品；第四是薮牧，繁殖鸟兽；第五是百工，把各种原始材料变成有用器物；第六是商贾，使财物流通而不缺乏；第七是嫔妇，治理丝麻；第八是臣妾，采集蔬果；第九是闲民，他们无固定职业，可随时受雇，替人工作。

【拓展】

《周礼》，原名《周官》《周官经》，旧传为周公所撰，至汉刘歆始改称《周礼》，是一部记载周代设官分职的专著。分天官、地官、春官、夏官、秋官、冬官六篇。该书通过各官职事的载述，记录了社会经济生活的各个方面。该书详述行政区划、土地分配、社会组织、财政原则、工商政策等设想，并记录了土地平均分配、将人口纳入政府管理、把主管工事的司空列于六卿之一、"以九职任万民"的分工、重视职业教育、稳定物价、救荒赈灾、官府放贷等具体措施，对后世均有借鉴意义，尤其对后世的财政制度、会计制度贡献颇大。

【思考】

请根据以上原典，联系当下财富现象，谈谈自己的感悟。

第四十四条

【原典】

国有六职,百工与居一焉。或坐而论道①;或作而行之②;或审曲面势③,以饬五材④,以辨民器;或通四方之珍异以资之;或饬力以长地财;或治丝麻以成之。坐而论道,谓之王公;作而行之,谓之士大夫;审曲面势,以饬五材,以辨民器,谓之百工;通四方之珍异以资之,谓之商旅;饬力以长地财,谓之农夫;治丝麻以成之,谓之妇功。

《周礼·冬官考工记》

【注释】

① 论道:谋虑治国的方针大计。
② 作:起。
③ 审:审视。面:面对着。曲、势:曲直、结构、性能。
④ 五材:谓金、木、水、火、土。一说为金、木、皮、玉、土。

【译文】

国家有六种职业,百工为其中之一。六种职业中,有的思考治国方略;有的推行政务;有的审视曲直,利用各种材料制作器具;有的采购四方珍贵物品,货通天下;有的辛苦劳作,繁育五谷;有的纺织丝麻,制作衣物。王公思考治国方略;士大夫推行政务;百工审视曲直,利用各种材料制作器具;商旅采购四方珍贵物品,货通天下;农夫辛苦劳作,繁育五谷;妇功纺织丝麻,制作衣物。

【拓展】

见第四十三条。

【思考】

请根据以上原典,联系当下财富现象,谈谈自己的感悟。

第四十五条

【原典】

卫文公大布之衣①,大帛之冠②,务材训农③,通商惠工,敬教劝学,授方任能④。元年革车三十乘,季年乃三百乘。

《左传·闵公二年》

【注释】

① 卫文公(前 659—前 635),名毁,卫国国君。
② 大帛之冠:大白冠,粗布做的帽子。
③ 材:通"财"。
④ 方:方法,准则,规矩。

【译文】

卫文公穿着粗布衣服,戴着粗帛做的帽子,发展经济,指导农耕,便利经商,加惠百工,敬重教化,奖励学习,传授为官之道,任用贤能。卫文公元年仅有兵车三十辆,(经过长期发展)卫文公末年已经有了兵车三百辆。

【拓展】

见第十八条。

【思考】

请根据以上原典,联系当下财富现象,谈谈自己的感悟。

第四十六条

【原典】

宣王即位①，不籍千亩②。虢文公谏曰："不可。夫民之大事在农，上帝之粢盛于是乎出③，民之蕃庶于是乎生，事之供给于是乎在，和协辑睦于是乎兴，财用蕃殖于是乎始，敦厖纯固于是乎成④……王事唯农是务⑤，无有求利于其官⑥，以干农功⑦，三时务农而一时讲武⑧，故征则有威，守则有财。若是，乃能媚于神而和于民矣⑨，则享祀时至而布施优裕也⑩。今天子欲修先王之绪而弃其大功⑪，匮神乏祀而困民之财⑫，将何以求福用民？"

《国语·周语上》

【注释】

① 宣王：周宣王。

② 籍："籍礼"，指天子示范性的耕作，以示对农业的重视。

③ 粢（zī）：谷类总称。粢盛（chéng）：盛在祭器内以供祭祀的谷物。

④ 敦厖（máng）：敦厚朴实。纯固：专一，专心致志。

⑤ 王事：指国家大事。

⑥ 求利：指从农业生产之外求利。

⑦ 干：干扰。农功：指农业生产。

⑧ 三时：指春、夏、秋3个农事季节。一时：指冬季。

⑨ 媚于神：为神所喜悦。

⑩ 享祀：祭祀。这里指祭祀用品。时至：指能按时奉献。

⑪ 修：整治。绪：事业；功绩。大功：大业，指农业。

⑫ 匮神乏祀：指缺乏祭神用品。

【译文】

周宣王即位后，不举行籍田之礼。虢文公劝谏说："不能这么做。农耕是民众的大事，供奉天帝的米饭是农田里所产的，民众依赖农耕生息繁衍，朝廷供给要依靠农耕，和平团结的关系要依靠农耕维系，财政收入从农耕中征收，敦厚专一的民风依靠农耕培养。……国君应该把农业生产看作头等大事，切不可抛弃农业而追求眼前利益，以致干扰农业。春、夏、秋三季应该用来农耕，而冬季进行军事训练，这样出兵可立威，不出兵可聚财。只有这样才能博得神灵欢心和赢得民众拥护，能按时献祭，赈灾时有财可用。如今您想继承先王大业，却放弃先王赖以成功的农业，使祭祀神灵的祭品匮乏，使民众的财用艰难，如此怎么能得到神灵护佑并使用民力呢？"

【拓展】

《国语》，传为春秋时期左丘明所作，该书是我国最早的国别体史书。该书分篇记载约前967年至前453年(西周末年至春秋时期)周、鲁、齐、晋、郑、楚、吴、越八国史事。该书记录了春秋时期的经济、财政、军事、兵法、外交、教育、法律、婚姻等各种内容,在经济上,该书的民本思想、重农思想对后世有着重大影响。

【思考】

请根据以上原典,联系当下财富现象,谈谈自己的感悟。

第四十七条

【原典】

不生粟之国，亡；粟生而死者①，霸；粟生而不死者，王。粟也者，民之所归也；粟也者，财之所归也；粟也者，地之所归也。粟多则天下之物尽至矣。……所谓兴利者，利农事也；所谓除害者，禁害农事也。农事胜则入粟多，入粟多则国富，国富则安乡重家，安乡重家则虽变俗易习，驱众移民，至于杀之而民不恶也。此务粟之功也。上不利农则粟少，粟少则人贫，人贫则轻家，轻家则易去，易去则上令不能必行；上令不能必行则禁不能必止。禁不能必止则战不能必胜、守不能必固矣。夫令不必行、禁不必止，战不必胜、守不必固，命之曰"寄生之君"。此由不利农、少粟之害也。粟者，王之本事也，人主之大务，有人之途、治国之道也②。

《管子·治国》

【注释】

① 死：穷、尽，此处指消费掉，耗尽。
② 有人：保有人民。

【译文】

国家不产粮食就得灭亡，生产粮食刚够使用便能称霸，粮食消费后还有存粮便可称王。粮食可以让百姓前来归附，让财货聚集，让疆土拓展。粮食充足，则天下万物具备……兴利就是做有利于农业发展的事，除害就是禁止妨碍农业发展的事。农业兴盛则产粮多，产粮多则国家富；国家富则百姓安、重家庭；百姓安，重家庭，那么即使要移风易俗，驱赶迁徙，甚至诛杀，百姓也不憎恨国家，这就是务农产粮的功用。君主不为农业创造有利条件，产粮就少，百姓就会贫穷，从而不以家庭为重，就容易离家而去。这时君主的政令不能推行，从而有禁不止，战未必能胜，防御未必能固守。令不必行、禁不必止，战不必胜、守不必固，这样的君主不过是寄生的君主。这是不重视农业，导致粮食短缺而带来的祸害。粮食是成就帝王之业的大事，是君主政务的重中之重，是招徕百姓、治理国家的方法。

【拓展】

见第二条。

【思考】

请根据以上原典，联系当下财富现象，谈谈自己的感悟。

第四十八条

【原典】

关市几而不征①，质律禁止而不偏②，如是，则商贾莫不敦悫而无诈矣③。百工将时斩伐，佻其期日④，而利其巧任，如是，则百工莫不忠信而不楛矣⑤。县鄙将轻田野之税⑥，省刀布之敛，罕举力役，无夺农时，如是，则农夫莫不朴力而寡能矣。……商贾敦悫无诈，则商旅安，货财通，而国求给矣。百工忠信而不楛，则器用巧便而财不匮矣。农夫朴力而寡能，则上不失天时，下不失地利，中得人和，而百事不废。是之谓政令行，风俗美。

《荀子·王霸》

【注释】

① 几：通"讥"，检查，查问。

② 质律：平定市价的条例。

③ 敦悫(què)：敦厚忠实。

④ 佻(yáo)：同"徭"，延缓。

⑤ 楛(kǔ)：粗劣，指偷工减料。

⑥ 县鄙：郊外，泛指农村。

【译文】

各处关卡和集市仅仅检查而不征税，制订措施平抑物价而不偏私，这样商人们就会诚实无欺地经营。工匠们如果能按时节砍伐林木，宽限他们的时日，让他们充分地发挥自己的技能，这样工匠们就能尽心而可信地精心制造器具，不会偷工减料。农村地区如果能减轻田地税，减少聚敛钱财和劳役，不干扰农时，这样农民就会老实地耕作而没有从事商贾的技能……商人诚实经营，商业就会稳定，财货就能流通无碍，国家需求就能自给。工匠尽心精心制作，器物精巧方便，财物不会匮乏。农民朴实而尽力耕作，没有从事商贾的技能。这样，不会错失上天安排的农时，不会失去大地生产的地利，在社会中还会得到人心拥护，各种事情自然都能办成。这就叫作政令畅行无阻，百姓风俗淳美。

【拓展】

见第二十七条。

【思考】

请根据以上原典，联系当下财富现象，谈谈自己的感悟。

第四十九条

【原典】

圣人知治国之要，故令民归心于农。归心于农，则民朴而可正也①，纷纷则易使也②，信可以守战也。壹则少诈而重居③，壹则可以赏罚进也④，壹则可以外用也⑤。

《商君书·农战》

【注释】

① 正：治理。
② 纷纷：作"纯纯"，意谓诚恳。
③ 壹：指专一务农。重居：重视乡土，指不肯轻易迁移住所。
④ 进：促进；鼓励。
⑤ 外用：指用于对外作战。

【译文】

圣人懂得治理国家的关键，所以让民众把心思放在农业上。一心耕种，则民众朴实而可以管理，厚道而容易役使，忠信而愿意参战。民众一心耕种，就能真诚无欺，看重故土而不愿远迁；民众一心耕种，就可以用奖惩加以激励；民众一心耕种，就可以在对外作战时为国效力。

【拓展】

见第二十五条。

【思考】

请根据以上原典，联系当下财富现象，谈谈自己的感悟。

第五十条

【原典】

古先圣王之所以导其民者,先务于农。民农非徒为地利也,贵其志也。民农则朴,朴则易用,易用则边境安,主位尊。民农则重,重则少私义①,少私义则公法立,力专一。民农则其产复②,其产复则重徙,重徙则死其处而无二虑。民舍本而事末则不令③,不令则不可以守,不可以战。民舍本而事末则其产约,其产约则轻迁徙,轻迁徙则国家有患皆有远志,无有居心。民舍本而事末则好智,好智则多诈,多诈则巧法令④,以是为非,以非为是。后稷曰:所以务耕织者,以为本教也。

《吕氏春秋·士容论·上农》

【注释】

① 义:通"议",议论。

② 复:他本作"后",后即"厚",古通用。

③ 不令:不受令。

④ 巧法令:玩忽法令,钻法律空子。

【译文】

上古圣明的君主首先用务农来引导百姓。引导百姓务农不仅仅是为了谋取地利,更重要的是用来修养百姓的心志。引导百姓务农,民风就会淳朴,民风淳朴就易于治理,易于治理,边境就会安定,君主的地位就会得到尊崇。引导百姓务农,民风就会谨慎稳重,民风谨慎稳重就会减少私下的议论,私下的议论减少了,国家的法律就容易创立,百姓就能专心农耕。引导百姓务农,就会有丰厚的农业产出,农业产出丰厚就不会轻易迁徙,不会轻易迁徙,百姓即便老死故土也没有别的想法。如果百姓放弃农业而去从事商业,农业产出就会减少,农业产出减少就容易到处迁徙,百姓到处随便迁徙,在国家危难的时候就会远居避祸,不会守在原来的土地上。如果百姓放弃农业而从事商业,就会追求计谋,追求计谋就会行事奸诈,奸诈就会钻法律空子,颠倒是非。后稷说:"勤于耕织的目的在于将耕织作为教化的根本。"

【拓展】

《吕氏春秋》,又称《吕览》,吕不韦(? —前235)组织门客所编。吕不韦,战国末年卫国濮阳(今河南濮阳西南)人,原为富商,后于赵国邯郸见秦公子异人(子楚),以为奇货可居,出千金为之谋得秦太子之位,继而异人即位成为庄襄王。吕不韦被封为相。嬴政年幼即位后,吕不韦继续任国相,号称"仲父",为秦统一天下作出了贡献。《吕氏春秋》一书"兼儒墨,合名法","于百家之道无不贯综",分八览、六论、十二纪,在经济思想方面,该书承认人们欲望的客观存在,对义利关系有了较多较细且深入的讨论,重视农业的同时也不排斥工商业,主张去私尚公,利民爱民,是对儒、道两家经济思想的融合。

【思考】

请根据以上原典,联系当下财富现象,谈谈自己的感悟。

第五十一条

【原典】

诏曰:"农,天下之大本也,民所恃以生也,而民或不务本而事末,故生不遂①。朕忧其然,故今兹亲率群臣农以劝之。其赐天下民今年田租之半②。"

《汉书·文帝纪》

【注释】

① 故生不遂:因此农业生产搞不好。

② "其赐"句,意为减免当年一半的田租。

【译文】

下诏说:"农业是天下的根本,百姓赖以生存的基础,有的人不专心务农而去经商,所以农业产出匮乏。朕忧虑这种情况,因此现在率众臣耕田以鼓励农业生产。免天下百姓今年一半的田租。"

【拓展】

见第三条。

【思考】

请根据以上原典,联系当下财富现象,谈谈自己的感悟。

第五十二条

【原典】

故待农而食之,虞而出之,工而成之,商而通之。此宁有政教发征期会哉? 人各任其能、竭其力,以得所欲。故物贱之征贵,贵之征贱。各劝其业,乐其事,若水之趋下,日夜无休时,不召而自来,不求而民出之。岂非道之所符而自然之验邪①?

《史记·货殖列传》

【注释】

① 道:事物发展的道理、规律。

【译文】

所以要靠农民耕种取得食物,要靠掌管山林水泽的虞人开采物资,要靠工匠制造取得器具,要靠商人贸易流通货物。这些难道还需要官府发布政令征发百姓,限期会集吗? 人们都凭自己才能、竭尽自己的力量,来满足自己的欲望。所以,物价低了就到别处求得高价售出,物价高了就到外地求得低价购进。人们各自努力经营自己的本业,乐意从事自己的工作,就像水流向低处那样,日日夜夜没有休止,不用征召便会自动前来,不用强求就会生产出来。这难道不是符合规律自然而然的证明吗?

【拓展】

见第三十二条。

【思考】

请根据以上原典,联系当下财富现象,谈谈自己的感悟。

第五十三条

【原典】

《周书》曰："农不出则乏其食，工不出则乏其事，商不出则三宝绝^①，虞不出则财匮少^②"。财匮少而山泽不辟矣。此四者，民所衣食之原也^③。原大则饶，原小则鲜^④。上则富国，下则富家。

《史记·货殖列传》

【注释】

① 三宝：指粮食、器具、钱财。
② 虞：古代管理山泽之利的人。
③ 原：通"源"，本原，来源。
④ 鲜(xiǎn)：少，此处指贫困。

【译文】

《周书》说："农民不种田，粮食就会缺乏；工匠不做工，器具就会缺少；商人不做买卖，粮食、器具、钱财这三种宝物就会断绝流通；虞人不开发山泽，资源就会短缺。"资源匮乏了，山泽就不能进一步开发。农、工、商、虞这四个方面，是民众衣食的来源。来源广大则富裕，来源窄小则贫困。农、工、商、虞发展了，上可以使国家富强，下可以使家族富足。

【拓展】

见第三十二条。

【思考】

请根据以上原典，联系当下财富现象，谈谈自己的感悟。

第五十四条

【原典】

　　圣王在上而民不冻饥者,非能耕而食之,织而衣之也,为开其资财之道也。故尧、禹有九年之水,汤有七年之旱,而国亡捐瘠者①,以畜积多而备先具也。今海内为一,土地人民之众不避汤、禹,加以亡天灾数年之水旱,而畜积未及者? 何也? 地有遗利,民有余力,生谷之土未尽垦,山泽之利未尽出也,游食之民未尽归农也。民贫,则奸邪生。贫生于不足,不足生于不农,不农则不地著②,不地著则离乡轻家,民如鸟兽,虽有高城深池,严法重刑,犹不能禁也。夫寒之于衣,不待轻暖;饥之于食,不待甘旨;饥寒至身,不顾廉耻。人情,一日不再食则饥,终岁不制衣则寒。夫腹饥不得食,肤寒不得衣,虽慈母不能保其子,君安能以有其民哉! 明主知其然也,故务民于农桑,薄赋敛,广畜积,以实仓廪,备水旱,故民可得而有也。

　　　　　　　　　　　　　　　　　(西汉)晁错:《贵粟疏》,《汉书·食货志》

【注释】

　　① 亡:通"无"。捐:遗弃。瘠:瘦弱。

　　② 不地著:不固定于土地。

【译文】

　　在圣明的君王统治下,百姓不挨饿受冻,这并非因为君王能亲自种粮食给他们吃,织布匹给他们穿,而是由于他能给民众开辟财源。所以尽管唐尧、夏禹之时有过九年的水灾,商汤之时有过七年的旱灾,但国内没有被遗弃和瘦得不成样子的人,这是因为储藏积蓄的东西多,事先早已做好了准备。现在全国统一,土地之大,人口之多,不亚于汤、禹之时,又没有连年的水旱灾害,但积蓄却不如汤、禹之时,这是为什么呢? 原因在于土地潜力没开发出来,百姓还有余力没发挥出来,能长谷物的土地还没充分开垦,山林湖沼的资源尚未完全开发,游手好闲之徒还没有全部回乡务农。

　　民众生活贫困了,就会去做奸诈邪恶的事。贫困是由于不富足,不富足是由于不务农,不从事农业就不能在一个地方定居下来,不能定居就会离开乡土,轻视家园,像鸟兽一样四处迁徙。这样的话,国家即使有高大的城墙、深险的护城河,严厉的法令、残酷的刑罚,还是不能禁止他们。受冻的人对于衣服,不要求又轻又暖;挨饿的人对于食物,不要求又香又甜;饥寒交迫的时候,就顾不上廉耻了。人之常情是:一天吃不上两顿饭就要挨饿,冬天不做寒衣穿就会受冻。那么,肚子饿了没饭可以吃,身上冷了没有衣服来保暖,即使是慈爱的母亲也不能留住亲生的孩子,国君又靠什么来保有他的百姓呢? 贤明的君主懂得这个道理,所以让民众从事农业生产,减轻他们的赋税,大量储备粮食,以便充实仓库,防备水旱灾荒,因此也就能够得到民众的拥戴。

【拓展】

见第三条。

【思考】

请根据以上原典，联系当下财富现象，谈谈自己的感悟。

第五十五条

【原典】

大夫曰:"古之立国家者,开本末之途,通有无之用。市朝以一其求①,致士民,聚万货,农商工师各得所欲,交易而退。《易》曰:'通其变,使民不倦②'。故工不出,则农用乏;商不出,则宝货绝。农用乏,则谷不殖;宝货绝③,则财用匮。"

《盐铁论·本议》

【注释】

① 市朝,市中官吏办事的地方,泛指集市。一:统一。
② 语出《周易·系辞下》,倦:困倦,倦怠。
③ 绝:断绝,指不流通。

【译文】

大夫说:"古代建立国家,开辟了农业之本和工商之末的途径,互通物产的有无,设立集市,统一调剂民众的各种需求,招揽士人和平民,汇聚各种货物。农夫、商贾、工匠、军人各得所求,互相交换之后各自回家。《周易·系辞下》说:'会通变化,使民众不会倦怠。'因而工匠不生产,就会导致农用器具缺乏;商人不开店,就会导致货物断绝。农用器具缺乏,粮食就不能增产;货物断绝,财用就会匮乏。"

【拓展】

《盐铁论》,由汉朝桓宽(字次公,今河南上蔡人)记录整理而成书。该书共十卷,六十篇。第一篇至四十一篇记载盐铁会议上双方之论难,第四十二篇至五十九篇记载双方对未尽事宜之余论,第六十篇《杂论》略同后序。

公元前81年(西汉昭帝始元六年)二月,西汉朝廷举行了一次以"盐铁"问题为中心的辩论会,对盐铁官营、酒类专卖、均输、平准等财政政策以及屯田实边、对匈奴和战等一系列重大问题,展开了激烈的争论,是我国古代历史上少有的一次关于国家重大政策问题的公开辩论会。

盐铁辩论中御史大夫桑弘羊,站在封建中央政府的立场上,坚决维护盐铁官营等政策,他强调法治,崇尚功利,坚持国家干涉经济的政策。他认为实行盐铁官营等政策,既可以增加国家的收入,又可以推动农业生产的发展,可以排抑富商大贾的势力,杜绝豪门兼并之风,因而必须坚持下去。他提出了重商理论,主张"开本末之途,通有无之用","农商交易以利本末"。且必须由政府控制工商业,即发展官工官商,以有利于国家,有利于农业的发展,对私人工商业要加以抑制。

盐铁会议上的另一方是60余位来自各郡国的贤良、文学。他们坚决反对汉武帝时制定的政治、经济政策。以儒家思想为武器,高唱仁义,耻言财利,认为实行盐铁官营是与民争利,必须废除。主张重本抑末,反对官营工商业,认为官营工商业是与贾争市利;主张山泽无征、刀币无禁等经济放任政策,要求盐、铁、铸钱等事业均应归之于民。总之,在辩论中,贤良、文学第一次把早期儒家的许多零散观点做了较为系统的表述。

该书内容涉及西汉政治、经济、军事、思想文化、民族关系、社会生活各个方面,史料异常非富,且为当时人所写,无后人纂入,可信度极高,真实地反映了西汉社会的各个侧面,为研究西汉中叶提供了第一手资料。

【思考】

请根据以上原典,联系当下财富现象,谈谈自己的感悟。

第五十六条

【原典】

大夫曰："管子云①：'国有沃野之饶而民不足于食者,器械不备也。有山海之货而民不足于财者,商工不备也。'……待商而通,待工而成。故圣人作为舟楫之用,以通川谷,服牛驾马②,以达陵陆③,致远穷深④,所以交庶物而便百姓⑤。"

《盐铁论·本议》

【注释】

① 今本《管子》中无下述引文。

② 服：驾驭。

③ 陵：大土山。陆：高平之地。陵陆：指山区和平原。

④ 穷：作动词,深入。深：指偏僻的地方。

⑤ 交庶物：流通万物。

【译文】

大夫说："管子说过：'国家有广大和肥沃田地,而民众却吃不饱,原因是农具不完备。国家有山林河海的货物,而民众却没有钱,原因是商业不兴旺和工匠缺乏。'……要依靠商人来搞活商品流通,依靠工匠制成器具。因此上古圣人制作了船和桨,在水路通行无阻；驾驭牛马,到达平原丘陵；连非常偏远的地域也可以交换各种货物,从而便利百姓。"

【拓展】

见第五十五条。

【思考】

请根据以上原典,联系当下财富现象,谈谈自己的感悟。

第五十七条

【原典】

大夫曰："贤圣治家非一宝①，富国非一道。昔管仲以权谲霸②，而纪氏以强本亡。使治家养生必于农，则舜不甄陶而伊尹不为庖。……善为国者，天下之下我高，天下之轻我重。以末易其本，以虚荡其实。今山泽之财，均输之藏③，所以御轻重而役诸侯也④。……是则外国之物内流，而利不外泄也。异物内流则国用饶，利不外泄则民用给矣"。

《盐铁论·力耕》

【注释】

① 宝：法宝，比喻用起来特别有效的工具、方法或经验。
② 权谲(jué)：权谋，诡诈。
③ 均输：汉武帝实行的一种经济政策。
④ 轻重：古代关于调节商品、货币流通和控制物价的理论。

【译文】

大夫说："贤君圣主治理国家并非只有一种法宝，使国家富裕也并非只有一条道路。从前管仲以权术欺诈辅佐齐桓公称霸，而纪国因为加强农业而导致亡国。假使治理国家和养活民众一定要务农才行，那么舜就不会从事制陶，伊尹也不会去做厨师。因此，善于治国的人，能够重视大家都轻视的东西。以重视工商业替代重视农业，用虚来代替实。如今山林河泽的资财，均输衙门里所储存的货物，都是通过调控物资供求和价格来役使诸侯的。……这样，国外的货物不断内流进入国内，而国内的财利不会向国外流泄。国外的财利内流就会使国内财用丰饶，国内的财利不外泄就会使民用充足。"

【拓展】

见第五十五条。

【思考】

请根据以上原典，联系当下财富现象，谈谈自己的感悟。

第五十八条

【原典】

大夫曰:"……《管子》曰:'不饰宫室,则材木不可胜用,不充庖厨,则禽兽不损其寿。无末利,则本业何出,无黼黻,则女工不施①。'故工商梓匠,邦国之用,器械之备也自古有之,非独于此。《语》曰:'百工居肆,以致其事②。'农商交易,以利本末。山居泽处。蓬蒿硗埆③。财物流通,有以均之。是以多者不独衍,少者不独馑。若各居其处,食其食,则是桔柚不鬻,胊卤之盐不出④,毡罽不市,而吴、唐之材不用也⑤。"

《盐铁论·通有》

【注释】

① "《管子》曰"句:是概括《管子·侈靡篇》的大意。黼黻(fǔ fú),古代礼服上绣的花纹。
② "《语》曰"句:见《论语·子张》。
③ 蓬蒿:野草;硗埆(qiāo què):土地贫瘠。
④ 胊(qú):秦代设立的县,在今江苏东海县境内。卤:盐场。
⑤ 吴、唐之材:即吴、越之竹,隋、唐之材。

【译文】

大夫说:"……《管子》说:'宫殿不雕梁画栋,木材就耗不尽;厨房不充满鱼肉,禽兽就不会死于非命。农业离开工商业就无从发展,女工离开锦绣礼服就无法发挥技艺。'因此,商贾、木匠都是国家的人才,他们自古以来就提供器械设备,并不是今天才有的。《论语》说:'居住在作坊里的工匠们各司其职。'货物流通有益于农业和工商业的发展。有人住在山上,有人住在湖边,贫瘠偏远地区更需加强财货流通。这样的话,财货多的地方不会独自富裕,财货少的地方不至于独自贫乏。如果各自居住在自己的地方,只吃当地的食物,则出产橘柚的地方橘柚无法出售,胊县的卤盐也无法出售,毡子地毯也不能出售,吴地、唐地的竹木也就无用了。"

【拓展】

见第五十五条。

【思考】

请根据以上原典,联系当下财富现象,谈谈自己的感悟。

第五十九条

【原典】

夫富民者,以农桑为本,以游业为末。百工者,以致用为本,以巧饰为末。商贾者,以通货为本,以鬻奇为末①。三者,守本离末则民富,离本守末则民贫。贫则厄而忘善②,富则乐而可教。

（东汉）王符：《潜夫论·务本》

【注释】

① 鬻(yù)奇：出售珍奇异物。

② 厄(è)：困厄。

【译文】

让民众富裕,应当以农耕与蚕桑为本,以商贾贩卖为末。工匠应当以制作实用器物为本,以精巧的装饰为末;商人应当以日用货物流通为本,以贩售珍奇玩物为末。在这三个方面,民众如果守本离末便会富裕;离本守末便会贫穷。民众生活贫困就会忘记仁德善行,生活富足就乐意接受仁德的教化。

【拓展】

见第三十四条。

【思考】

请根据以上原典,联系当下财富现象,谈谈自己的感悟。

第六十条

【原典】

国之所急，惟农与战。国富则兵强，兵强则战胜；然农者，胜之本也。孔子曰："足食足兵①"，食在兵前也。上无设爵之劝②，则下无财畜之功。今使考绩之赏③，在于积粟富民，则交游之路绝，浮华之原塞矣④。

（西晋）陈寿：《三国志·魏书·邓艾传》

【注释】

① "足食足兵"：语见《论语·颜渊》。
② 劝：提倡，鼓励。
③ 考绩：考核官吏下属的业绩。
④ 原：通"源"。

【译文】

国家的当务之急，是发展农业和加强战备。国家富足了军队就强大，军队强大了就能打胜仗。这样看来，发展农业是胜利的根本。孔子说："足食足兵"，把农业生产放在军备的前面。朝廷没有官爵升迁的激励措施，那么下面郡县就没有积蓄钱粮的成果。现在要把考核官员政绩的奖赏，放在储积钱粮和使百姓富足上面，那么纵横游说的路就断绝了，浮华虚谈的根源就堵住了。

【拓展】

《三国志》，"前四史"之一，西晋陈寿（233—297）著，南朝宋裴松之作注。陈寿，字承祚，巴西安汉（今四川南充）人。少师事谯周，曾为蜀汉秘书郎，入晋后，任著作郎，治书侍御史。《三国志》共六十五卷，分魏、蜀、吴三志。最初三志曾各自独立为书，自宋以后合为一书。由于陈寿自蜀汉入晋为官，而晋承曹魏之绪而一统全国，故本书以曹魏为正，以《魏志》居前，有传有纪，蜀、吴二志居后，有传无纪。三国时代去汉不远，其典章制度、风土人情，以及社会经济、生活风俗，同汉朝多有渊源。自经济角度而观，该书无类《平准书》《货殖列传》《食货志》专门之作，其记述散见于人物传记中。

【思考】

请根据以上原典，联系当下财富现象，谈谈自己的感悟。

第六十一条

【原典】

圣王之御世①,莫不以广农为务,俭用为资。夫农广则谷积,俭用则财畜。畜财积谷而有忧患之虞者②,未之有也。

(西晋)陈寿:《三国志·魏书·高柔传》

【注释】

① 御:治理。
② 虞:忧虑。

【译文】

圣明的帝王治理天下,没有不把大力发展农业作为最重要的事的,没有不把节约用度作为国家发展条件的。农业发展了,粮食就会有积蓄;开支节约了,财物就会有储存。积蓄了充足的钱粮就根本无须担忧各种灾患。

【拓展】

见第六十条。

【思考】

请根据以上原典,联系当下财富现象,谈谈自己的感悟。

第六十二条

【原典】

今日之宜,亦莫如一切通商,官勿卖买,听其自为,而籍茶山之租①,科商人之税。以此校彼②,殊途一致③。且商人自市则所择必精,所择精则偾之必售④,偾之售则商人众,商人众则入税多矣。又昔之所以披草莽,怀兵刃务私贩者,禁严故也。既已通商,则当安行夷路⑤,自实官府⑥,亦入税多矣。况不滞本泉⑦,不烦威狱⑧,利国便人,莫善于此。

(宋)李觏:《富国策第十》,《直讲李先生文集》卷十六

【注释】

① 籍:征籍;征收。

② 此:指通商卖茶。校(jiào):比较。彼:指官府卖茶。

③ 致:指求利目的相同。

④ 偾(yù):卖。

⑤ 夷:平坦。

⑥ 自实官府:意谓自动向官府纳税。

⑦ 本泉:本钱。不滞本泉:指官府货币不留滞在茶的囤积上。

⑧ 不烦威狱:指无须借助刑罚的力量。

【译文】

(茶叶贸易)当今最应该做的是,官府让民间自由通商贸易:官府向种植茶树的山区征收租税,向贩卖茶叶的商人征收商税。这种方法与此前的方法相比,可以说是殊途同归。况且商人自己进的货必然精挑细选,精挑细选的货源自然不愁销路。销路好意味着更多人经商,经商者众多则官府税收增加。过去商人披荆斩棘不敢走官道,携带兵器走私贩货,是因为朝廷对通商贸易禁止的缘故。朝廷既然已经许可通商,商人们自然能够放心地行走在平坦的官道上,主动向官府纳税,从而增加官府的税收。况且这种做法不会让官府的钱财滞留在茶叶的囤积上,也不会增加牢狱诉讼,没有比这种利国利民的措施更好的了。

【拓展】

见第九条。

【思考】

请根据以上原典,联系当下财富现象,谈谈自己的感悟。

第六十三条

【原典】

孟子曰:养生送死,王道之本。管子曰:仓廪实而知礼节。故农者,天下之本也,而王政所由起也。古之为国者未尝敢忽。而今之为吏者不然,簿书听断而已矣①。闻有道农之事,则相与笑之曰:鄙。夫知赋敛移用之为急,不知务农为先者,是未原为政之本末也。

(宋)欧阳修:《原弊》,《欧阳修全集·居士外集》卷八

【注释】

① 簿书:官署中的文书簿册;听断:听取陈述而做裁断。

【译文】

孟子说:赡养父母,并为他们送终,这是王道的根本。管子说:民众粮仓丰裕,就知道遵守礼节。因此,农业是天下的根本,是国家施政的起点。自古以来,治理国家的人从来不敢轻视农业。但今天的官员只知道处理公文、办理政务罢了。听到有人谈论农业的事,就会一起嘲笑说:"粗俗!"他们只知道征收赋税用作开支很急迫,却不懂得应该把农业放在首要地位,这是因为他们还没有搞清楚施政的本末关系。

【拓展】

欧阳修(1007—1072),字永叔,自号醉翁,晚号六一居士。庐陵(今江西吉安)人,是散文中的"唐宋八大家之一"。在经济上他反对王安石新法改革,主张"足天下之用,莫先乎财""制国用,量入为出",提出了"革弊救时,重在力行"、重农爱民、任贤立法等具体措施。

【思考】

请根据以上原典,联系当下财富现象,谈谈自己的感悟。

第六十四条

【原典】

古之为国者①，使商通有无，农力本穑②。商不得通有无以利农，则农病；农不得力本穑以资商，则商病。故商农之势③，常若权衡然④。至于病，乃无以济也。

(明)张居正：《赠水部周汉甫榷竣还朝序》，《张太岳集》卷八

【注释】

① 为国：治理国家。

② 本穑(sè)：指农业生产。

③ 势：情势；趋势。

④ 若权衡然：就像秤锤与秤杆一样，形容关系至为密切。

【译文】

古代治理国家，让商人进行贸易，互通有无；让农民耕种，生产粮食。如果商人无法实现货物流通并为农业提供便利，农业就会陷入困境；如果农民不能耕种并供给商业农产品，商业也会陷入困顿。因此，商业和农业的关系如同秤锤和秤杆，一旦一方陷入困境，就无法帮助另一方。

【拓展】

张居正(1525—1582)，字叔大，号太岳，湖广江陵(今湖北江陵)人。明代著名政治家、理财家。早年博览古籍，注意总结历代帝王治国理财的经验教训。万历元年(1573)任首辅，专擅国政达十年。其时国家破敝，民穷财尽，张居正认为豪强兼并、赋役不均和官吏滋弊是造成民穷财尽的原因，主张与民休息，正本清源，推行改革，整顿吏治，缩减开支，清丈土地，修整河渠，均有成效，史称"张居正改革"，有《张太岳集》四十六卷传世。

【思考】

请根据以上原典，联系当下财富现象，谈谈自己的感悟。

第六十五条

【原典】

自顷以来，外筑亭障^①，缮边塞，以扞骄虏；内有宫室营建之费，国家岁用率数百万。天子旰食^②，公卿心计^③，虑不能殚给焉。于是征发繁科，急于救燎，而榷使亦颇鹜益赋以希意旨^④，赋或溢于数矣。故余以为欲物力不屈^⑤，则莫若省征发以厚农而资商；欲民用不困，则莫若轻关市以厚商而利农^⑥。

（明）张居正：《赠水部周汉甫榷竣还朝序》，《张太岳集》卷八

【注释】

① 亭障：古代边疆险要处供防守的堡垒。
② 旰（gàn）食：因心忧事繁而迟用晚餐，指帝王勤于政事。
③ 心计：指尽心谋划。
④ 榷使：指朝廷派往各地征收商税的官员。鹜（wù）：追求。益赋：指增加商税。
⑤ 屈（juè）：竭；穷尽。
⑥ 轻关市：指减轻商税。

【译文】

前不久到现在，朝廷在外设置要塞，巩固边防，抵御骄横的外敌；在内修建宫殿，每年一共花费几百万两白银。天子勤于政事，公卿殚精竭虑，仍然担心无法供给。于是，朝廷开征名目繁多的赋税，像救火一样着急，各地的税官们为了迎合朝廷的旨意，常常加重商税征收，结果使得商税远超额度。因此，我认为如果想保存物力，不致消耗殆尽，最好减少向民间征集钱粮和人力，厚待农民，滋养商人；如果想让百姓生活不穷困，最好减轻商税，厚待商人，也有利于农民。

【拓展】

见第六十四条。

【思考】

请根据以上原典，联系当下财富现象，谈谈自己的感悟。

第六十六条

【原典】

　　故治之以本①，使小民吉凶一循于礼。投巫驱佛②，吾所谓学校之教明而后可也③。治之以末④，倡优有禁，酒食有禁，除布帛外皆有禁。今夫通都之市肆⑤，十室而九，有为佛而货者，有为巫而货者，有为倡优而货者，有为奇技淫巧而货者，皆不切于民用；一概痛绝之，亦庶乎救弊之一端也。此古圣王崇本抑末之道。世儒不察，以工商为末，妄议抑之；夫工固圣王之所欲来⑥，商又使其愿出于途者⑦，盖皆本也。

　　　　　　　　　　　　　　　　　　　　　　（清）黄宗羲：《明夷待访录·财计三》

【注释】

　　① 治之以本：指提倡遵循儒家的礼仪。

　　② 投：逐。

　　③ 学校之教明而后可：黄宗羲在《明夷待访录·学校》中主张，凡城乡寺观庵堂，大者改为书院，小者改为小学，其中的佛教徒和道教徒，或令就学，或令从事其出家前的职业。

　　④ 治之以末：指禁止奢侈。

　　⑤ 市肆：市中店铺。

　　⑥ 来：招致。《中庸》："来百工则财用足。"黄宗羲在这里更将"来百工"假托为古代圣王的意愿。

　　⑦ 愿出于途：意谓愿意经过本国的路途，即愿意在本国境内做生意。黄宗羲在这里是将商人"愿出于途"，假托为古代圣王的希望。

【译文】

　　因此，依循儒家思想治理国家，使百姓的吉凶祸福合乎儒家礼义。驱逐巫师道士、和尚尼姑，然后就会明白并拥护我关于学校教化的主张了。禁止奢侈行为，要禁止歌舞娱乐，禁止大吃大喝，除了丝麻棉布的贸易外，其余一概禁绝。如今大都市中的商店十有八九出售的是拜佛用品、巫师用品、歌舞戏子用品以及华而不实、奇巧无益的器物，这些商品都与民生关系不大，全盘取缔或许能矫正一些弊病，这就是古代圣明君主崇本抑末的方法。当今的儒生不明白这一点，认为工商业为末，荒谬地建议抑制所有的工商业。他们不知道，手工业者正是圣君渴望招徕的人，而商人又能让圣君的这一希望付诸实践，因此工商业和农业都是国家根本。

【拓展】

　　黄宗羲（1610—1695），字太冲，号梨洲，又号南雷，浙江余姚人。明遗民，明末清初的思想家，世人尊称为"梨洲先生"。《明夷待访录》一书是比较集中地反映他的经济观点及经济思想的著作，主张人各得自私、人各得自利。在工商业方面，提出工商皆本。在土地与赋税方面,建议分而税之;针对当时银荒和赋税征银给纳税人带来的沉重负担,主张废银行钞,实行以铜钱为本的可兑现的行钞制度。

【思考】

请根据以上原典,联系当下财富现象,谈谈自己的感悟。

第六十七条

【原典】

　　据地以拒敌，画疆以自守，闭米粟丝枲布帛盐茶于境不令外鬻者①，自困之术也，而抑有害机伏焉。夫可以出市于人者②，必其余于己者也。此之有余，则彼固有所不足矣；而彼抑有其有余，又此之所不足也。天下交相灌输而后生人之用全③，立国之备裕。金钱者，犹百货之母，国之贫富所司也④。物滞于内，则金钱拒于外，国用不赡，而耕桑、织纴、采山、煮海之成劳⑤，委积于无用⑥，民日益贫；民贫而赋税不给，盗贼内起，虽有有余者，不适于用，其困也必也。……

　　且不徒此也。禁之者，法之可及者也；不可禁者，法之所不可及者也。禁之于关渡之间⑦，则其雠之也愈利⑧。皇皇求利之民⑨，四出而趋荒之径，以私相贸，虽日杀人而固不可止；强豪贵要，于此府利焉⑩。则环吾之封域，无非敌人来往之冲⑪；举吾之人民，无非敌人结纳之党。阑人已成乎熟径⑫，奸民外告以腹心⑬，间谍交舞于国中而莫之能御⑭，夫且曰："吾禁之已严，可无虑也。"不亦愚哉！

　　夫唯通市以无所隐，而视敌国之民犹吾民也，敌国之财皆吾财也，既得其欢心，抑济吾劝耕，金钱内集，给而赋税以充，耕者劝耕，织者劝织，山海薮泽之产⑮，皆金粟也。本固邦宁，洞然以虚实示人，而奸宄之径亦塞。利于国，惠于民，求之智，仁亦存焉。善谋国者，何惮而不为也？

　　　　　　　　　　　　　　　　　　　　(清)王夫之：《读通鉴论·昭宗五》

【注释】

　　① 闭：关闭，封锁。枲(xǐ)：麻。鬻(yù)：卖。

　　② 出市：出售。

　　③ 灌输：注入，这里指流通，贸易。

　　④ 司：掌管，主宰。

　　⑤ 成劳：指劳动成果，即产品。

　　⑥ 委积：积聚，积压。

　　⑦ 关渡：水陆要道关卡。

　　⑧ 雠(chóu)：应答，此处指民间贸易应对国家闭关的措施，也就是私下贸易——黑市。

　　⑨ 皇皇：通"遑遑"，匆忙。

　　⑩ 府：这里用作动词，有获取、得到之意。

　　⑪ 冲：要冲，交通要道。

　　⑫ 阑：擅自闯入。阑人：指擅自闯入国境的外国人。

　　⑬ 腹心：这里指奸人把擅自闯入的外国人当作亲信，以国家或地方有关机密情况相告。

⑭ 交舞：纵横交错。

⑮ 薮(sǒu)：湖泽的通称。

【译文】

死守地利御敌,闭关锁国,禁止米粟、生丝、麻、布帛、盐、茶叶向境外销售,这是自缚手足的方法,这种方法会让危害潜伏积累下来。那些能够用来出售的货物必定是售卖者本身充裕的物品,这里有余,那里就有缺;那里有余,这里就有缺。天下商人互通有无,彼此弥补,然后百姓才有足够的生活用品,进而为国家打下完备充足的物质基础。金钱如同各种货物的乳母,它决定一个国家贫困或者富裕。货物堆积在国门以内,则国境之外的金钱无法流入国内。国家经费不充足,而农耕蚕桑、纺织、铸钱、盐等成品堆积如山,却不能发挥效用,百姓就会日益贫困。百姓贫困无法缴纳赋税,国内盗贼蜂起,虽然有剩余的商品,却无法流通而发挥作用,贫困是必然的……

况且还不限于此,被禁贸易只能靠法律禁止,法律不能禁的禁也无用。如果在边境渡口禁止贸易,那么隐秘交易(黑市)更加严重,渴望逐利者会在人迹罕至的地方私下贸易,即便天天诛杀违禁者也无法制止。更有甚者,权贵豪强也参与这种违法牟利。整个边境变成了敌人来来往往的通道,举国之人都成了敌人的生意伙伴,入境敌人来来往往,轻车熟路,奸民与敌人互通信息,间谍前来刺探情报而国家无法抵御。这时仍然宣称:"我已经下达了严厉禁令,不用担心。"这种政策实在是太蠢了。

只有通商才能杜绝私下交易,进而把敌国百姓当成自己的百姓,敌国财富将变为自己的财富,不仅能取得敌国欢心,还可以帮助我们鼓励农耕生产,集聚国内财富。百姓生活自给自然可以缴纳赋税,耕田者安心务农,纺织者乐于纺织。山海薮泽的物产,都是钱粮,这样就能国家巩固,社会安定。把国家的富强向国内外展示出来,居心叵测者自然退却。贸易通商对国家有利,对百姓有利,这是用聪明的办法实现了仁义的理想。善于为国家政事出谋划策者,为何有所顾忌而不敢采取通商主张呢?

【拓展】

见第四十条。

【思考】

请根据以上原典,联系当下财富现象,谈谈自己的感悟。

第六十八条

【原典】

朕闻养民之本,在于衣食。农桑者,衣食所由出也。一夫不耕,或受之饥;一女不织,或受之寒。古者天子亲耕,后亲桑,躬为至尊,不殚勤劳,为天下倡。凡为兆姓①,图其本也。夫衣食之道,生于地,长于时,而聚于力。本务所在,稍不自力,坐受其困。故勤则男有余粟,女有余帛;不勤则仰不足事父母,俯不足畜妻子。其理然也。……愿吾民尽力农桑,勿好逸恶劳,勿始勤终惰,勿因天时偶歉而轻弃田园,勿慕奇赢倍利而辄改故业。苟能重本务,虽一岁所入,公私输用而外,羡余无几,而日积月累,以至身家饶裕,子孙世守,则利赖无穷。不然,而舍本逐末,岂能若是之绵远乎②?

(清)康熙颁谕雍正辑:《圣谕广训·重农桑以足衣食》

【注释】

① 兆姓:万姓,老百姓,民众。
② 绵远:久远。

【译文】

朕听说养育百姓的根本在于衣物和粮食。农耕和蚕桑是粮食和衣物的来源。一个家庭中,男子不耕种,家人就会挨饿;女子不织布,家人就会受冻。古代的皇帝亲自耕种,皇后亲自蚕桑,他们已经拥有了至高无上的地位,仍然不辞劳苦,是为了给天下百姓做榜样。所以身为百姓,应该勉力耕种。衣食在土地中出产,在四季中生长,在劳作中汇聚,这就是获得衣食的必由之路。农耕是生活的根本所在,稍不努力,就会受其困厄。因此,男子勤于耕种,则家有余粮;女子勤于纺织,则家有余帛。如果不勤于耕织,对上不能赡养父母,对下不能养育妻子儿女。这是自然而然的事情……希望我的大清子民勤于耕种蚕桑,不要好逸恶劳,也不要开始时勤奋,后来变懒惰,也不要因为年景偶有歉收而轻易地荒废农田,也不要羡慕商人获利丰厚就抛弃耕种。如果重视农耕,虽然一年的收入除去公私用度之外所剩无几,但是日积月累也足以让家庭富裕,子孙世代农耕为业,则受益良多。如其不然,抛弃农耕,从事商业牟利,哪能比得上从事农业更长远呢?

【拓展】

康熙帝(1654—1722),名爱新觉罗·玄烨,是清代一位颇有作为的皇帝,平定三藩,收复台湾,抵俄侵略,倡理学,修《明史》,编字典等。在经济建设方面,面对遭受战争严重破坏的社会生产,下令永停圈地,把明藩王所占田地归原主耕种,同时准许壮丁"出旗为民";

奖励垦荒,减免钱粮,整顿赋役制度,废除匠籍,规定"滋生人丁,永不加赋"。这些政策,减轻了农民的负担,促进了社会生产的恢复和发展。他还非常重视兴修水利,治理河患,六次亲自视察黄河,任用靳辅、陈潢治理黄河。

【思考】

　　请根据以上原典,联系当下财富现象,谈谈自己的感悟。

第六十九条

【原典】

天下利国利民之事,虽小必为;妨民病国之事,虽微必去。今禁南洋有害而无利,但能使沿海居民,富者贫,贫者困;驱工商为游手,驱游手为盗贼耳。闽地不生银矿,皆需番钱①。日久禁密,无以为继,必将取给于楮币、皮钞②,以为泉府权宜之用③,此其害匪甚微也。开南洋有利而无害,外通货财,内消奸宄。百万生灵,仰事俯畜之有资;各处钞关④,且可多征税课,以足民者裕国⑤,其利甚为不小。

(清)蓝鼎元:《论南洋事宜书》,《鹿州初集》卷三

【注释】

① 番钱:指外国金银铸币。

② 楮(chǔ):指纸。皮钞:指汉武帝时短期内采用过的以白鹿皮制成的皮币。楮币、皮钞泛指纸币。

③ 泉府:指钱库,这里指中央财政机关。

④ 钞关:这里指海关。

⑤ 以足民者裕国:意谓通过使商民在开放海外贸易中致富然后向其多征税的办法使国家富裕。

【译文】

只要是有利于国家和百姓的事情,虽然微小,也必定去做;只要是危害国家和百姓的事情,即使微小,也必定摒除。如今朝廷禁绝同南洋地区的贸易,有害无利。这种做法只会让沿海地区的百姓富的变穷,穷的更穷;这样做,把工商阶层逼成了游手好闲的人,把游手好闲的人逼成了强盗和小偷。福建地区并没有银矿,财务流通离不开国外的金银货币。受长期严格的贸易禁令影响,福建地区金银货币就会用光,势必会使用纸币,以供中央财政机关变通之用。可见禁止通商祸害不浅。与南洋通商有利无害,外可以流通财货,内可以消除奸诈不法。百万百姓上要侍奉父母,下要养活妻儿,都盼望获取钱财。并且通商还能为各处海关带来更多的关税,通过商人贸易带动国家财政充足,好处很大。

【拓展】

蓝鼎元(1680—1733),字玉霖,号鹿洲,福建漳浦人。人生蹉跎,然一生"喜经济之学",早年还曾出海进行实际考察,对沿海人民生活、航海贸易及海外许多国家的情况有较多了解。他认为:"生财之大道在百工,故通功易事,明主不敢一日壅其源。"又说:"古者关市并设,而常开关以通市,而工之出于市者已多,以是国用有由足也",明确地表示了对工商的重视。他也是清朝闭关政策的反对者,认为这是"坐井观天之见"。主张对外"大开禁

网,听民贸易",认为进行海外贸易既可以"以海外之有余,补内地之不足",还能够以"内地贱菲无足轻重之物""沿海居民操作小巧技艺及女工针黹",行销外洋,"岁收诸岛银洋货物百十万入我中土,所关为不细矣"。

【思考】

请根据以上原典,联系当下财富现象,谈谈自己的感悟。

第七十条

【原典】

商务者，国家之元气也；通商者，疏畅其血脉也。商以贸迁有无①，平物价，济急需，有益于民，有利于国，与士、农、工互相表里。士无商则格致之学不宏②，农无商则种植之类不广，工无商则制造之物不能销，是商贾具生财之大道，而握四民之纲领也。商之义大矣哉！

（近代）郑观应：《盛世危言·商务》，《郑观应集》

【注释】

① 贸迁：贩运、买卖。
② 格致：科学的总称。

【译文】

商业是一个国家的元气所在，通商相当于打通一个国家的血脉。商人实现货物流通，互通有无，平抑物价，周济急需，有利于国家和百姓。商与士、农、工互为表里。读书人如果离开商人，则科学研究的道路不会宽广；农民如果离开商人，则所种农作物的种类无法丰富多样；工匠如果离开商人，则所制造的器物无法出售。因此，商人不但掌握创造财富的方法，而且是控制各个行业的关键。商业活动意义重大啊！

【拓展】

郑观应（1842—1922），原名官应，字正翔，号陶斋，别号杞忧生、慕雍山人等。广东香山（今中山县）人。一生商业实践颇为丰硕，与外商公司交往频繁，同时自营茶栈，开办轮驳船公司、商号和钱庄，又以商股代表身份在洋务派官督商办企业如上海机器织布局、轮船招商局、上海电报局任总办、帮办、会办等高级职务；任粤汉铁路公司总办，创办进口公司、航运公司等。在其主要著作《盛世危言》中，阐述了"商战"论：认为"外洋以商立国"，"借商以强国，借兵以卫商"；提出以兵战对兵战，以商战对商战的对策。并说"论商务之源，以制造为急，而制造之法，以机器为先"，实质上是要求在中国发展大机器工业，以抵制外国的经济入侵。为了发展中国的本土经济，他反对外国势力在华的诸多特权，主张取消协定关税，收回关税自主权，以保护民族工业，并提出"开议院"、设"商部"等工商阶层的诉求。

【思考】

请根据以上原典，联系当下财富现象，谈谈自己的感悟。

第七十一条

【原典】

治国以富强为本,而求强以致富为先。……欲中国之富,莫若使出口货多,进口货少。出口货多,则已散之财可复聚;进口货少,则未散之财不复散。……商务兴则进口货少,出口货多,是昔日华商之银透漏外洋者[①],变为洋商之银溢输中国[②]。

(近代)马建忠:《适可斋纪言·富民说》

【注释】

① 透漏:流失。
② 溢输:流入。

【译文】

富强是治国的根本追求,而强盛的前提是富裕。……要让中国变富裕,最好的方式就是:多出口,少进口。出口多,那么已经流失到国外的钱财就可以重聚到国内;进口少,那么留在国内的钱财就不会再流失出去。……商业发达,那么进口就会少,出口就会多,这样便可以将过去中国商人流失到国外的钱财转变为外商的钱财流入国内。

【拓展】

马建忠(1845—1900),字眉叔,江苏丹徒(今江苏镇江)人,清末启蒙思想家。少年时即以通晓洋务著称,留学法国,为李鸿章幕府。多次向李鸿章建议兴办新式工矿企业,建立新学校,培养人才,注重商务,反对洋务派官督商办形式,要求裁撤厘金,保护商业。

【思考】

请根据以上原典,联系当下财富现象,谈谈自己的感悟。

本 章 即 测 即 练

第四章

轻与重——财富流通要论

 导读

　　"轻、重"在古代泛指"调节商品、货币流通和控制物价"等财富管理活动。本章围绕古人的"轻重"思想,选录原典 16 条。

　　轻重思想保留在《管子·轻重》各篇以及《史记·货殖列传》《盐铁论》《汉书·食货志》等有关典籍中。核心思想可概括为以下几个方面。

　　轻重平籴,治国富国。管理社会经济是国家的一项重要职能。不少思想家、政治家将"均衡"原则运用在土地、物价和财富分配上,提出许多新的见解和行之有效的措施。如"管仲相桓公,通轻重之权……用区区之齐合诸侯,显伯名"。"李悝为魏文侯作尽力地之教"和"善平籴"政策,使魏国富强。桑弘羊推行的盐铁官营、酒类专卖、均输平准政策,取得了显著效果。这种将经济措施与治国实践相结合的做法,是中国古代帝王治国的一个特点。

　　散聚均利,调节贫富。董仲舒把财富分配、贫富调节作为国家治理的重要问题,主张"富者足以示贵而不至于骄,贫者足以养生而不至于忧,以此为度而调均之,是以财不匮而上下相安,故易治也"。《盐铁论》中说:"民大富,则不可以禄使也;大强,则不可以威罚也。非散聚均利者不齐。故人主积其食,守其用,制其有余,调其不足,禁溢羡,厄利途,然后百姓可家给人足也。"晁错则提出通过"贵粟"来"损有余补不足"的调节办法。白居易说:"君操其一(指钱),以节其三(指谷、帛等物),三者和钧……敛散得其节,轻重便于时,则百货之价自平,四人之利咸遂。"

　　贱买贵卖,平衡物价。物的多少与聚散,会影响价格的贵贱,政府可以利用国家财力调控物价。轻重之术的巨大作用,就在于先用较高价格(保护价)购取廉价的商品,然后再用较低价格在物价高涨时卖出,从而保持物价的平稳。《管子·国蓄》说:"夫物多则贱,寡则贵,散则轻,聚则重。人君知其然,故视国之羡不足而御其财物。谷贱则以币予食,布帛贱则以币予衣,视物之轻重而御之以准,故贵贱可调而君得其利。"

　　此外,一些政治家还提出了通过粮食储备、赋税政策等手段来控制国民经济的举措。

　　中国古代"轻重平籴,散聚均利"的思想仍具有重要现实意义。

第七十二条

【原典】

凡轻重之大利①,以重射轻②,以贱泄平③。万物之满虚,随财准平而不变,衡绝则重见④。人君知其然,故守之以准平。使万室之都,必有万钟之藏,藏镪千万⑤;使千室之都,必有千钟之藏,藏镪百万。春以奉耕,夏以奉芸,耒耜械器,种䎰粮食⑥,毕取赡于君,故大贾蓄家不得豪夺吾民矣。然则,何君养其本谨也⑦?春赋以敛缯帛,夏贷以收秋实,是故民无废事而国无失利也。

《管子·国蓄》

【注释】

① 轻重之大利:指运用商品货币流通规律所能取得的最大利益。

② 射:逐取、追求。

③ 泄:疏泄、散发。"平",当为"贵"之误。

④ 见:同"现",显现、表现。

⑤ 镪(qiǎng):钱串,引申为成串的钱,后多指银子或银锭。

⑥ □(xiǎng):通"饷",粮食。

⑦ 何君:"君"疑"若"之误。本谨:当作"本委",谓勤于本务所委积之物。

【译文】

轻重之术的巨大作用,就在于先用较高价格(保护价)购取廉价的商品,然后再用较低价格在物价高涨时卖出,从而保持物价的平稳。各种物资的多少随着国家平准政策的调节而保持平衡,如果失掉平衡,那物价就会暴涨了。君主懂得这个道理,所以用平准措施来进行掌控。使拥有万户人口的都邑一定储藏有万钟粮食和一千万贯的钱币;拥有千户人口的都邑一定储藏有千钟粮食和一百万贯的钱币(以上钱粮数大约备当地人口三年所用)。春天用来供给春耕,夏天用来供给耕耘。一切农具、种子和粮食,都由国家供给。所以,富商大贾就无法对百姓巧取豪夺了。那么,君主为什么要如此慎重地养护农业呢?因为,春耕时放贷于民,用以收取丝绸;夏耘时发放贷款,用以收购秋粮。这样,民众既不会荒废农业,国家财利也不会流失到商人手中了。

【拓展】

见第二条。

【思考】

请根据以上原典,联系当下财富现象,谈谈自己的感悟。

第七十三条

【原典】

一人廪食，十人得馀①；十人廪食，百人得馀；百人廪食，千人得馀。夫物多则贱，寡则贵，散则轻，聚则重。人君知其然，故视国之羡不足而御其财物。谷贱则以币予食②，布帛贱则以币予衣，视物之轻重而御之以准，故贵贱可调而君得其利。

《管子·国蓄》

【注释】

① 廪食(lǐn sì)：仓储的粮食，此处指购买官粮吃。
② 以币予食：用钱买粮食。予：当为"易"，买。

【译文】

一人从国库买粮，比十人交人丁税还多；十人从国库买粮，比百人交人丁税还多；百人从国库买粮，比千人交人丁税还多。各种商品都是多了就便宜，少了就贵。商品抛售，价格就会下跌，商品囤积，价格就会上涨。君主懂得这个道理，所以根据国内市场物资的多少状况来控制国内市场的财物。粮食贱，就用货币购买粮食；布帛贱，就用货币购买布帛。根据物价的涨跌用平准之法来控制。所以，这样既可调节物价的高低，君主又能够得其好处。

【拓展】

见第二条。

【思考】

请根据以上原典，联系当下财富现象，谈谈自己的感悟。

第七十四条

【原典】

孔子曰:"不患贫而患不均。"故有所积重,则有所空虚矣。大富则骄,大贫则忧。忧则为盗,骄则为暴,此众人之情也。圣者则于众人之情①,见乱之所从生,故其制人道而差上下也②。使富者足以示贵而不至于骄,贫者足以养生而不至于忧。以此为度而调均之,是以财不匮而上下相安,故易治也。今世弃其度制,而各从其欲。欲无所穷,而俗得自恣,其势无极。大人病不足于上,而小民羸瘠于下③,则富者愈贪利而不肯为义,贫者日犯禁而不可得止,是世之所以难治也。

(汉)董仲舒:《春秋繁露·度制》

【注释】

① 于:按照。
② 制人道:规定人们言行的准则。
③ 羸:瘦弱。

【译文】

孔子说:"所忧虑的不是财物少而是分配不平均。"所以有人(财货)积累得多,就会有人少。人特别富裕就容易骄横,特别贫穷就容易犯愁。为生活所迫犯愁就可能成为盗贼,骄横惯了就可能做出凶残的事,这是人的本性。圣人从人的本性中发现了世事纷乱的源头。所以,他们制定人伦准则,从而使人上下有别。让富人足以显示出他们的高贵而不至于骄横,穷人足以生活而不至于为生活犯愁。用这个标准来协调平均社会财富,这样财富不会匮乏而上下可相安无事,这样,国家就容易治理。当今的社会,抛弃了这种方法和标准,随心所欲。然而,人往往欲壑难填,对财利的追逐无穷无尽,无边无际。上层的权贵们贪得无厌,底层的百姓贫苦度日。(在这样的情形下)富人在追逐利益上更加贪婪而不肯乐善好施;穷人们每天都有犯罪的行为,官府却管不住。这就是社会难以治理的原因啊!

【拓展】

见第三十条。

【思考】

请根据以上原典,联系当下财富现象,谈谈自己的感悟。

第七十五条

【原典】

是时,李悝为魏文侯作尽地力之教,以为地方百里,提封九万顷^①,除山泽邑居三分去一,为田六百万亩,治田勤谨则亩益三升^②,不勤则损亦如之。地方百里之增减,辄为粟百八十万石矣。又曰籴甚贵伤民,甚贱伤农;民伤则离散,农伤则国贫。故甚贵与甚贱,其伤一也。善为国者,使民毋伤而农益劝。……是故善平籴者,必谨观岁有上中下孰^③。上孰其收自四,余四百石;中孰自三,余三百石;下孰自倍,余百石。小饥则收百石,中饥七十石,大饥三十石。故大孰则上籴三而舍一,中孰则籴二,下孰则籴一,使民适足,贾平则止^④。小饥则发小孰之所敛,中饥则发中孰之所敛,大饥则发大孰之所敛,而粜之。故虽遇饥馑水旱,籴不贵而民不散,取有余以补不足也。行之魏国,国以富强。

《汉书·食货志》

【注释】

① 提封:原意为田界,这里作"通共"或"大数"讲。
② 益:增加。三升:当作"三斗"。
③ 孰:通"熟"。
④ 贾:通"价"。

【译文】

当时,李悝为魏文侯提出了充分利用土地的方法。魏国土地纵横几百里,总计有土地九万顷。除去三分之一不能用于耕种的山地和城市乡镇,还剩下耕地六百万亩。勤勤恳恳地耕种,每亩地可以增加三斗粮食;懒懒散散地耕种,每亩地就会减少三斗粮食。那么百里范围内粮食的增减就有一百八十万石的差别。如果粮食太贵,就对士、工、商三民有伤害;如果粮食太贱,就对农民有伤害。三民受伤害,社会就会离心离德;农民受伤害,国家就会贫弱乏力。所以,粮食太贵或太贱都会伤害其中一方。擅长治国的人,(通过平抑粮价)既不伤害其他三民,也会让农民种田更积极。……所以,善于控制粮价的人,一定精确地了解今年粮食收成的详情。丰收年份:大丰之年,百亩收成增长四倍,农民有余粮四百石;中丰之年,百亩收成增长三倍,农民有余粮三百石;小丰之年,百亩收成增长一倍,农民有余粮一百石。灾荒年份:小灾之年,百亩收成为一百石(减产三分之一);中灾之年,百亩收成为七十石(减产二分之一);大灾之年,百亩收成为三十石(减产五分之四)。所以,应该在大丰之年,国家收购每百亩粮食收成的三百石,余下一百石由农民自己保存;中丰之年,国家收购每百亩粮食收成的二百石,余下一百石由农民自己保存;小丰之年,国家收购每百亩粮食收成的一百石,余下一百石由农民自己保存。这样就能让四民百姓都能得到满足,粮食的价格也能平稳。小灾之年,国家应该把小丰之年收购的粮食卖出;中灾之年,国家应该把中丰之年收购的粮食卖出;大灾之年,国家应该把大丰之年收购的粮食卖出。所以即使遇到了饥荒、水旱灾害,粮食价格也不会太贵,百姓也不会离散迁徙。这是因为能够把丰年的余粮储存起来补给灾年的不足。在魏国实行这种方法,因此魏国变得富强起来。

【拓展】

见第三条。

【思考】

请根据以上原典,联系当下财富现象,谈谈自己的感悟。

第七十六条

【原典】

方今之务,莫若使民务农而已矣。欲民务农,在于贵粟;贵粟之道,在于使民以粟为赏罚。今募天下入粟县官,得以拜爵,得以除罪。如此,富人有爵,农民有钱,粟有所渫①。夫能入粟以受爵,皆有余者也。取于有余以供上用,则贫民之赋可损②,所谓损有余补不足,令出而民利者也。顺于民心,所补者三:一曰主用足;二曰民赋少;三曰劝农功。

(西汉)晁错:《贵粟疏》,《汉书·食货志》

【注释】

① 渫(xiè):散出,指有了销售的地方。
② 损:减少。

【译文】

当今最迫切的事情,没有比让百姓务农更为重要的了。要想让百姓从事农业,关键在于提高粮价;提高粮价的办法,是让百姓通过纳粮来求赏或免罚。通过纳粮封爵或赎罪,向天下募集粮食给朝廷。这样,富人就可以得到爵位,农民就可以得到钱财,粮食就不会被囤积,反而会流通。那些能纳粮得爵的人,都是富人。从富人那里取来多余的粮食给朝廷用,那么穷人所担负的赋税就能减少,这就叫作"损有余补不足"。法令一颁布,百姓就能够得到实惠。这样做能顺应民心,还有三个好处:一是君主需要的东西充足了,二是百姓的赋税减少了,三是鼓励农民积极从事农业生产。

【拓展】

见第三条。

【思考】

请根据以上原典,联系当下财富现象,谈谈自己的感悟。

第七十七条

【原典】

宣帝即位……寿昌遂白令边郡皆筑仓①，以谷贱时增其贾而籴②，以利农，谷贵时减贾而粜，名曰常平仓。民便之。上乃下诏，赐寿昌爵关内侯。

《汉书·食货志》

【注释】

① 宣帝：指汉宣帝刘询。寿昌：指耿寿昌。

② 贾：同"价"。

【译文】

汉宣帝即位之后……耿寿昌向皇帝建议在边境郡县全部建造粮仓：在粮价低时加价买入，保护农民；粮价高时减价卖出。这种粮仓称为常平仓。百姓非常受益。皇帝下诏书，敕封耿寿昌为关内侯。

【拓展】

见第三条。

【思考】

请根据以上原典，联系当下财富现象，谈谈自己的感悟。

第七十八条

【原典】

　　大夫曰：“往者郡国诸侯各以其方物贡输，往来烦杂，物多苦恶①，或不偿其费。故郡国置输官以相给运，而便远方之贡，故曰均输。开委府于京师②，以笼货物。贱即买，贵则卖。是以县官不失实③，商贾无所贸利，故曰平准。平准则民不失职，均输则民齐劳逸。故平准、均输所以平万物而便百姓。”

　　　　　　　　　　　　　　　　　　　　　　　　　　　　《盐铁论·本议》

【注释】

　　① 苦恶：质量粗劣，此处引申为价值低，不值钱。

　　② 委府：积存货物的仓库。

　　③ 县官：朝廷，官府。

【译文】

　　大夫说：“以前，各郡和诸侯国都以特产向朝廷进贡，来来往往，麻烦杂乱，东西很多不值钱，有些货物的价值甚至不抵运费。因此，朝廷在各郡和诸侯国设置运输官员，以便统一协调货物的供给运送，从而有利于远方货物的进贡，因此称作‘均输’。在首都设置专门的仓库，以便于统一储存天下的货物。价低就买进，价高就卖出。所以朝廷掌管实物，商贾无法投机牟利，因此叫作‘平准’。推行平准政策，百姓就会各司其职；实施均输政策，百姓就能节约人力。因此推行平准、均输政策可以平抑物价、便利百姓。”

【拓展】

　　见第五十五条。

【思考】

　　请根据以上原典，联系当下财富现象，谈谈自己的感悟。

第七十九条

【原典】

大夫曰："交币通施①,民事不及②,物有所并也。计本量委③,民有饥者,谷有所藏也。智者有百人之功,愚者不更本之事④,人君不调,民有相妨之富也⑤。此其所以或储百年之余,或不厌糟糠也。民大富,则不可以禄使也;大强,则不可以威罚也。非散聚均利者不齐。故人主积其食,守其用,制其有余,调其不足,禁溢羡⑥,厄利途,然后百姓可家给人足也。"

《盐铁论·错币》

【注释】

① 交币通施:谓交换和货币流通。
② 民事不及:不能顾及人民生活。
③ 计本量委:重视农业生产和谷物储备。
④ 不更本:连本钱也捞不回来。
⑤ 相妨之富:损人而致富。
⑥ 溢羡:过高的盈利。

【译文】

大夫说:"财货在社会上不断流动,但民众买不到想买的生产生活用品,这是因为货物被有的人垄断了。统计好一年的粮食收入,再量入为出,而民众还有挨饿的,这是因为粮食被有的人囤积了。一个聪明人的收入可以抵得上一百个普通人的收入,一个愚钝的人却连本钱都赚不回来。君主如果不加以调控,民间就会出现损害别人利益致富的现象。这就是为什么有的人储存了一百年也吃不完的粮食,有的人却连糟糠都吃不饱。民众太富有,俸禄就支使不动他们;民众太强势,刑罚就威慑不了他们。如果朝廷不抑制这些豪强,不把他们强占的财富和利益分散,就会造成贫富悬殊。所以君主要储存粮食、掌管财货、限制过多,调补不足,禁止商贾牟取暴利,堵塞其途径,这样老百姓就可以做到家给人足了。"

【拓展】

见第五十五条。

【思考】

请根据以上原典,联系当下财富现象,谈谈自己的感悟。

第八十条

【原典】

夫天地生凡财物，已属于人，使其无根①，亦不上著于天②，亦不下著于地。物者，中和之有③，使可推行，浮而往来④，职当主周穷救急也⑤。

《太平经》卷六十七

【注释】

① 无根：意谓不固定。
② 著（zhuó）：归附；依附。
③ 中和：道家的哲学术语。认为"中和"乃阴阳之化，是存在于天地间的物质元素。
④ 浮而往来：指财物在社会上流动。
⑤ 职：职分；职能。主：掌管。

【译文】

天地间的财物，不属于天，不属于地，而属于人，但不固定属于哪个人。财物为阴阳所化，可在人间推行，可在世上流动。它的职责就是周济穷人和解救危急。

【拓展】

《太平经》，道教早期经典，又名《太平清领书》，为集体创作，最后在东汉末年于吉手中定稿。后该书流入张角手中，得到启发，创立太平道，进而酝酿成了东汉末年的"黄巾起义"。该书采用真人问、神仙答的问答体结构，构筑了早期道教"天人合一"的神学体系，阐释了神仙不死、长生久视的神仙观念和"无为而无不为"的治国理念。

【思考】

请根据以上原典，联系当下财富现象，谈谈自己的感悟。

第八十一条

【原典】

王制既衰,杂以权术①。魏用平籴之法②,汉置常平之仓③,利兼公私,颇以为便。隋氏立制,始创社仓④,终于开皇⑤,人不饥馑。贞观初,戴胄建积谷备灾之议⑥,太宗悦焉。因命有司,详立条制,所在贮粟,导为义仓,丰则敛藏,俭则散给。历高宗之代,五六十载,人赖其资。国步中艰⑦,斯制亦弛。开元之际,渐复修崇。是知储积备灾,圣王之急务也。

(唐)陆贽:《均节赋税恤百姓》,《陆宣公集》

【注释】

① 权术:权变的手段、方法。
② 平籴之法:指战国时魏文侯任用李悝为相,实行平籴政策。
③ 汉置常平之仓:指汉宣帝采用耿寿昌建议,在边郡设置常平仓。
④ 社仓:指隋文帝开皇五年(585)设置"义仓",在收获季节向民户征粮积储,以备歉年放赈。因设在里社,由当地设人管理,亦名"社仓"。
⑤ 开皇:隋文帝杨坚年号。
⑥ 戴胄向唐太宗李世民建议,按照隋朝"义仓"办法,每亩地交税二升,储存在本地州县,以备饥荒,亦称"地税"。
⑦ 国步中艰:指武则天统治时期,政局日趋动荡。

【译文】

仁义治理天下的方法衰落之后,需要混合使用一些权变的手段。魏文侯采用了李悝的平籴之法,汉宣帝采用了耿寿昌的建议设置了常平仓,这些措施兼顾了国家和百姓的利益,非常便利。隋文帝开皇年间设立"社仓",百姓没有挨饿的。(唐)贞观初年,戴胄向(唐)太宗提出了储存粮食以备灾年不测的建议。太宗很满意,继而让官吏详细制定条例制度,储存粮食,成为"义仓"。丰年就买进粮食存储,灾年就卖出粮食。到唐高宗执政时期,这项政策持续了五六十年,(在灾年)百姓都仰仗义仓的粮食。后来(武后统治时期)政局动荡,义仓制度渐渐松弛。到了(唐)玄宗开元年间,义仓制度慢慢重新修复并严格起来。所以英明的帝王知道丰年存储粮食以备灾年不测是紧要的事啊!

【拓展】

陆贽(754—805),字敬舆,嘉兴(今属浙江)人。唐德宗时,为翰林学士,颇得信任,参与决策,人称"内相"。因与裴延龄有隙,为其构陷,贬为忠州别驾。顺宗即位,欲诏还,诏未至已卒。德宗时实行税制改革,变租庸调为两税法,以原来的户税、地税为基础重新确定税额,租庸调也折钱并入户税,固定于每年夏秋两季交纳。实施后,交税的现钱流入国库,市场钱币供应不足,富人争相窖藏,使纳税者要售出更多的农产品才能缴清税款。唐德宗贞元十年(794)陆贽在奏疏中对两税法进行尖锐批评,反对赋税征钱,主张以布帛为计税标准。

【思考】

请根据以上原典,联系当下财富现象,谈谈自己的感悟。

第八十二条

【原典】

　　夫以土地,王者之所有①;耕稼,农夫之所为;而兼并之徒,居然受利。官取其一,私取其十,稽人安得足食②?公廪安得广储③?风俗安得不贪?财货安得不壅④?昔之为理者,所以明制度而谨经界,岂虚设哉!斯道浸亡⑤,为日已久;顿欲修整,行之实难;革弊化人,事当有渐⑥。望令百官集议,参酌古今之宜,凡所占田,约为条限,裁减租价,务利贫人。法贵必行,不在深刻⑦。裕其制以便俗⑧,严其令以惩违。微损有余,稍优不足;损不失富,优可赈穷。此乃古者安富恤穷之善经,不可舍也。

　　(唐)陆贽:《均节赋税恤百姓·论兼并之家私敛重于公税》,《陆宣公集》

【注释】

　　① 土地,王者之所有:指天下土地均为天子所有。语出《诗经·小雅·北山》:"溥天之下,莫非王土;率土之滨,莫非王臣。"

　　② 稽人:泛指农民。

　　③ 公廪:官府的粮仓。

　　④ 壅:不流动,此处指贫富悬殊。

　　⑤ 浸亡:渐渐消亡。

　　⑥ 事当有渐:指上述弊病应逐渐消除。

　　⑦ 深刻:严苛。

　　⑧ 裕:宽容。裕其制:放宽规定。

【译文】

　　土地,是属于天子的;耕种,是农民的本分;那些兼并别人土地的大地主,安然享受着兼并土地带来的利益。国家对农民收十分之一的税,大地主收的则是十倍于国家的税。在这种情况下,农民怎么能吃饱饭呢?国库怎么能多存粮呢?风俗怎么能不贪婪呢?财富怎么会不贫富悬殊呢?原来制定政策的人,他们把制度和界线制定得很清楚,难道不想发挥实际作用吗?原来制定的制度慢慢消亡,时间很久了。想马上修整恢复到当初,很难实行。革除弊端,改变人们的想法,上述的弊端应该能逐渐消除。期望皇帝您让百官集体商议,参考斟酌古今的政策。凡是占据别人田地的,都要受到法律的限制,降低佃农的租金,以便贫苦百姓受益。法律重要的不是多么严苛,而是贵在执行。在执法过程中,可以因地制宜来推行法律,但要严惩违法行为。轻微地让富人受些损失,让穷人受些益处。富人损失一点,不妨碍他们的富裕状态;穷人受益一些,却可以救济他们赤贫的状态。这是自古以来平衡穷富的好办法,不能放弃。

【拓展】

见第八十一条。

【思考】

请根据以上原典,联系当下财富现象,谈谈自己的感悟。

第八十三条

【原典】

夫籴甚贵钱甚轻则伤人①，籴甚贱钱甚重则伤农；农伤则生业不专②，人伤则财用不足。故王者平均其贵贱，调节其重轻，使百货通流，四人交利③，然后上无乏用，而下亦阜安④。方今天下之钱日以减耗，或积于国府⑤，或滞于私家。若复日月征求，岁时输纳，臣恐谷帛之价转贱，农桑之业转伤，十年已后，其弊或甚于今日矣，非所谓平均调节之道也。

（唐）白居易：《策林二·息游惰》，《白氏长庆集》卷四十六

【注释】

① 伤人：指损害购买粮食的人，主要指损害从事商业和手工业的人。

② 生业不专：指不能专心于农业生产。

③ 四人：即四民，一般指士、农、工、商，此指农、商、工、贾。

④ 阜：盛多，指财物丰富。

⑤ 国府：国家的府库。

【译文】

粮食太贵，钱过度贬值，就会损害买粮的人；粮食太贱，钱过度升值，就会伤害种粮的人。农民利益受损，就无法安心从事农业生产；买粮的人（其余三民）受损，财物就不够用。所以帝王让粮食的价格保持平稳，让金钱的购买力保持平稳，让各种货物在市场上流通无阻，士、农、工、商就会相互得利。这样国家和百姓都不缺少财货。现在天下流通的钱财越来越少，有的是储存在国库中，有的是滞留在私人家里。如果仍然按照现在的方式不断征收赋税，按时进贡，微臣担心谷物丝绸的价格会越来越低，继而会导致农业受到伤害。再这样下去，十年之后，弊端会比现在还要严重，这可不是平衡调节天下财货的办法啊！

【拓展】

白居易（772—846），字乐天，号香山居士、醉吟先生，祖籍太原（今山西太原），唐代杰出诗人，推动诗歌的"新乐府运动"，有强烈的现实情怀，官至翰林学士、左赞善大夫。有《白氏长庆集》传世，代表作有《长恨歌》《琵琶行》等。在经济思想上，有本于农桑、邦之兴也的农本思想；百货通流、四人交利的农工商并重思想；平均贵贱、调节重轻的调控思想；天育物有时、地生财有限的勤俭思想。

【思考】

请根据以上原典，联系当下财富现象，谈谈自己的感悟。

第八十四条

【原典】

臣闻：谷帛者生于农也，器用者化于工也，财物者通于商也，钱刀者操于君也。君操其一，以节其三，三者和钧^①，非钱不可也。夫钱刀重则谷帛轻，谷帛轻则农桑困，故散钱以敛之^②，则下无弃谷遗帛矣。谷帛贵则财物贱，财物贱则工商劳^③，故散谷以收之^④，则下无废财弃物矣。敛散得其节，轻重便于时，则百货之价自平，四人之利咸遂，虽有圣智，未有易此而能理者也。

（唐）白居易：《平百货之价》，《白氏长庆集》卷四十六

【注释】

① 和钧：指协调，钧通"均"。
② 散钱以敛之：指朝廷投放钱币以敛集谷帛。
③ 劳：病，忧愁。
④ 散谷以收之：指官府发售谷物以回收钱币。

【译文】

臣闻：粮食和丝绸是农民生产出来的，器物是工匠生产出来的，财物是通过商人流通的，钱币是君主控制的。君主控制住了钱币，就可以控制农、工、商。农、工、商三者的协调，也必须用钱来控制。钱币太贵重会导致农产品价格低，农产品价格低会导致农民生活困难。所以朝廷要投放钱币来购买农产品，这样百姓就不会荒废耕织了。农产品太贵会导致手工业产品价格太低。手工业产品价格太低，就会导致工商业者忧愁生计。这时候就应该低价卖出农产品回收钱币，那么天下就没有被浪费的财物了。买卖找到合适的时机，价格随时变化，那么货物的价格就能保持平稳，士、农、工、商四种百姓的利益都能得到满足。即便是圣贤和智者，也不可能改变这个道理而治理好天下。

【拓展】

见第八十三条。

【思考】

请根据以上原典，联系当下财富现象，谈谈自己的感悟。

第八十五条

【原典】

盖人之困乏，常在新陈不接之际[1]，兼并之家乘其急以邀倍息[2]，而贷者常苦于不得。常平、广惠之物，收藏积滞，必待年歉物贵然后出粜，所及者不过城市游手之人。今通一路有无[3]，贵发贱敛[4]，以广蓄积，平物价，使农人有以赴时趋事[5]，而兼并不得乘其急。凡此皆以为民，而公家无所利其入，是亦先王散惠兴利[6]，以为耕敛补助[7]，裒多补寡[8]，而抑民豪夺之意也。

《宋史·食货志上》

【注释】

① 新陈不接：指陈粮已经吃完，而新谷尚未成熟。
② 倍息：借一还二，这里指高额利息。
③ 通一路有无：意谓通计一路，酌其有无。
④ 贵发贱敛：指官府在市场上谷少价贵时抛售粮食，市场上谷多价贱时收购粮食。
⑤ 赴时趋事：指不失农时，从事耕作。
⑥ 散惠兴利：意谓广施恩惠，以兴民利。
⑦ 敛：收；收割。
⑧ 裒（póu）：减。

【译文】

百姓生活最困难的时候，是青黄不接的时候。那些兼并土地的人趁着别人危难的时候放高利贷，而需要贷款的人却无法得到正常利息的贷款。常平仓和广惠仓储备的粮食停滞在仓库里，必须要等到灾年粮食价格高涨的时候才能卖出。等到这时候开仓卖粮，能惠及的人不过是城市中游手好闲的人。现在整体筹划，斟酌有无，粮价高时就开仓卖粮，粮价低时就收购粮食来增加官仓的积蓄，让物价保持平稳，让农民能根据农时来耕作，让那些打算兼并农民土地的人不能乘人之危。这些措施都是为了百姓，国家并没有得到什么利益，也符合以前君主广施恩惠，以兴民利，用来补助农民，减富济贫，从而抑制豪强兼并土地的本意。

【拓展】

《宋史》，二十四史正史之一，由元代丞相脱脱和阿鲁图分别主持修撰。其中《本纪》四十七卷，《志》一百六十二卷，《表》三十二卷，《列传》二百五十五卷，共四百九十六卷，是正史中最庞大的一部史书。涉及经济的《食货志》十四卷，是"二十四史"中最详尽的。

【思考】

请根据以上原典，联系当下财富现象，谈谈自己的感悟。

第八十六条

【原典】

农之粜也，或阖顷而收①，连车而出，不能以足用。及其籴也，或倍称贱卖②，毁室伐树，不能以足食。而坐贾常规人之余③，幸人之不足，所为甚逸而所得甚饶，此农所以困穷而末所以兼恣也。《易·系辞》曰："何以聚人？曰财。理财正辞，禁民为非曰义。"财者，君之所理也。君不理，则蓄贾专行而制民命矣。上之泽，于是不下流而人无聊矣。此平籴之法有为而作也。

（宋）李觏：《富国策第六》，《李觏集》卷十六

【注释】

① 阖顷：指田地上的全部收获物。阖(hé)：全，总共。
② 倍称(chèn)：指借一还二的高利贷。
③ 规：通"窥"，窥伺。

【译文】

农民卖粮时，需要把所有的粮食一车车地运到集市上卖掉，却也买不回他们需要的日用品；农民买粮时，又是借高利贷，又是变卖物品，又是砍树卖房，还是连饭都吃不饱。而那些商贾专门盯着农民家里什么多、缺什么而算计，他们干的事很清闲但获利很丰厚。这就是农民穷愁劳苦而商贾恣意享乐的原因。《易·系辞》中说："怎样聚集民众？要靠财富。管理财富、名正言顺，使民众不能为非作歹，这就称作义。"钱财，应该是君主管的事儿。君主不管，那么囤积居奇的富商就会大行其道控制百姓的命运。皇帝的恩泽就不能惠及百姓，百姓就会穷困而无所依靠。这就是平籴之法产生的原因。

【拓展】

见第九条。

【思考】

请根据以上原典，联系当下财富现象，谈谈自己的感悟。

第八十七条

【原典】

　　孔子为政,先言足食,管子霸佐,亦言礼义生于富足。自嘉靖以来,当国者政以贿成,吏朘民膏以媚权门[1]。而继秉国者,又务一切姑息之政,为逋负渊薮[2],以成兼并之私。私家日富,公室日贫。国匮民穷,病实在此。仆窃以为贿政之弊易治也,姑息之弊难治也。何也? 政之贿惟惩贪而已。至于姑息之政,倚法为私,割上肥已。即如公言,"豪家田至七万顷,粮至二万,又不以时纳"。夫古者大国公田三万亩,而今且百倍于古大国之数,能几万顷而国不贫? 故仆今约已敦素,杜绝贿门,痛惩贪墨,所以救贿政之弊也;查刷宿弊,清理逋欠,严治侵渔揽纳之奸,所以砭姑息之政也。上损则下益,私门闭则公室强。故惩贪吏者所以足民也,理逋负者所以足国也。官民两足,上下俱益。所以壮根本之图,建安攘之策,倡节俭之风,兴礼义之教,明天子垂拱而御之。假令仲尼为相,由、求佐之[3],恐亦无以踰此矣。

　　　　　　　　(明)张居正:《答应天巡抚宋阳山论均粮足民》,《张文忠公全集》

【注释】

　　① 朘(juān):削弱、剥削。
　　② 逋负渊薮:逃税人的庇护所。
　　③ 由、求:孔丘的学生仲由、冉求。

【译文】

　　孔子处理政事,认为首先要有足够的粮食;管仲用霸道来辅佐齐桓公,也认为礼义是从富足中来的。从嘉靖年以来,高官政治腐败,贿赂公行,基层官吏则盘剥百姓来取悦权贵豪门。后来执政的高官,又毫无原则地执行政策,成为逃税人的庇护,造成兼并之风盛行。私人越来越富,国家越来越穷。国家和百姓都穷困的病根儿就在于此。我私下认为政治腐败、贿赂公行的坏风气是容易治理的,但毫无原则的恶劣风气是很难治理的。为什么呢? 因为政治腐败只要惩治贪污就可以了,但毫无原则的恶劣风气让官员操控法律,谋求私利,损公肥私。就像您所说的:"豪强家的田地达到七万顷,收获粮食二万,但从不按时缴税。"古代一个诸侯的封国,公田不过三万亩,现在豪强们的土地能比古代诸侯封地的公田多百倍,居然达到几万顷,国家怎么可能不贫困呢? 所以我自己约束自己勤俭节约,杜绝贿赂,惩治贪污腐败,用来整治腐败的坏风气;查清由来已久的弊端,清理逃税欠税,严惩从代纳赋税中牟利,用来惩治毫无原则的执政风气。官员的利益减少一些,百姓的利益就增加一些,私人的利益被杜绝,国家就能变强大。所以惩治贪官污吏可以让百姓富足,清理欠税逃税可以让国家富足。这样国家和百姓都富足了,都得利了。所以要规划发展农业的蓝图,制定治乱安民的政策,提倡勤俭节约的风气,弘扬仁德礼义的教化,才能让圣明的天子垂拱而治。假如请孔子来做宰相,请仲由和冉求来辅佐,恐怕也无法超越这个办法。

【拓展】

见第六十四条。

【思考】

请根据以上原典,联系当下财富现象,谈谈自己的感悟。

本 章 即 测 即 练

第 五 章

俭与奢——财富积累要论

 导读

"崇俭反奢"是中国古代财富管理思想的基本精神之一。本章围绕古人的"崇俭反奢"思想,选录原典26条。

综观本章,古人关于"崇俭反奢"的思想可以概括为以下三个方面。

建章立制。关于如何理财,古人提出要立订制度,否则就会"制不先定而取之无量"。《礼记·王制》要求:"以三十年通制国用,量入以为出。"张居正说:"王制以岁终制国用,理入以为出,计三年所入,必积有一年之余,而后可以待非常之事,无匮乏之虞。"

开源节流。古代不少思想家认为社会生产是本,财政管理是末,只有大力发展社会生产,才能有财可理。荀子指出:"田野县鄙者,财之本也;垣窌仓廪者,财之末也。……明主必谨养其和,节其流,开其源……潢然使天下必有余。"王安石则提出"理天下之财"的新概念,主张"因天下之力,以生天下之财;取天下之财,以供天下之费"。

节用裕民。《周礼》将"均节财用"作为国家财政支出的总目标。荀子认为"足国之道,节用裕民"。宋代范浚说:"理财之要,莫先于节费。"历史上有作为的帝王,如汉文帝、唐太宗、明太祖、清圣祖等在施政中都重视节用的原则。明代张居正针对当时朝政奢靡的弊病大声疾呼:"天地生财,止有此数……唯加意撙节,则其用自足。"

中国古代"开源节流,崇俭反奢"的思想仍具有重要现实意义。

第八十八条

【原典】

以九式均节财用①：一曰祭祀之式；二曰宾客之式；三曰丧荒之式；四曰羞服之式；五曰工事之式；六曰币帛之式；七曰刍秣之式；八曰匪颁之式②；九曰好用之式③。

《周礼·天官冢宰》

【注释】

① 式：谓用财之节度，即关于支出的规定。均节财用：理财之道，以节用为本。这是国家财政支出的总目。

② 匪颁：盛于筐篚中赏赐群臣的财物。匪，同"篚"，筐篚。颁，赐。

③ 好用：王在宴会间，对诸侯及亲贵有所恩好而赏赐的财物。

【译文】

用九种规定平衡、控制财物支出：第一是关于祭祀支出的规定；第二是关于接待宾客的支出规定；第三是关于操办诸侯丧事和赈灾支出的规定；第四是关于饮食和衣服支出的规定；第五是关于土木建筑支出的规定；第六是馈赠礼物支出的规定；第七是关于牛马草料支出的规定；第八是关于群臣俸禄支出的规定；第九是关于赏赐群臣支出的规定。

【拓展】

见第四十三条。

【思考】

请根据以上原典，联系当下财富现象，谈谈自己的感悟。

第八十九条

【原典】

以九赋敛财贿①：一曰邦中之赋；二曰四郊之赋；三曰邦甸之赋；四曰家削之赋；五曰邦县之赋；六曰邦都之赋；七曰关市之赋；八曰山泽之赋；九曰币余之赋②。

《周礼·天官冢宰》

【注释】

① 九赋：此九赋中，自邦中至邦都，皆为田税。关市、山泽、币余三者，其地杂处于前六者之中，故列于后。九赋又统称为地征或地税。

② 币余之赋：币，当读为敝；天子大府仓库中久藏不用的财物变卖后的收入。

【译文】

用九种赋税聚敛财物：第一是国都中的赋税；第二是（距国都百里）四郊的赋税；第三是（距国都百里至二百里）邦甸的赋税法；第四是（距国都二百里至三百里）家削的赋税；第五是（距国都三百里至四百里）邦县的赋税；第六是（距国都四百里至五百里）邦都的赋税；第七是关市的赋税；第八是山泽的赋税；第九是国库剩余的回收。

【拓展】

见第四十三条。

【思考】

请根据以上原典，联系当下财富现象，谈谈自己的感悟。

第九十条

【原典】

大府掌九贡、九赋、九功之贰①,以受其货贿之入②,颁其货于受藏之府③,颁其贿于受用之府。凡官府都鄙之吏及执事者受财用焉。凡颁财,以式法授之。关市之赋,以待王之膳服。邦中之赋,以待宾客。四郊之赋,以待稍秣。家削之赋,以待匪颁。邦甸之赋,以待工事。邦县之赋,以待币帛。邦都之赋,以待祭祀。山泽之赋,以待丧纪。币余之赋,以待赐予。凡邦国之贡,以待吊用。凡万民之贡,以充府库。凡式贡之余财,以共玩好之用。凡邦之赋用取具焉。岁终,则以货贿之入出会之④。

《周礼·天官冢宰》

【注释】

① 贰:副职。九职(九功)、九赋、九贡,太宰掌其正,此官掌其副。

② 受其货贿之入:即九功、九赋、九贡所征敛的财物均交大府总收。

③ 颁其货于受藏之府:大府将其所收的财物,分别交玉府、内府、外府收藏。玉府:掌管天子之金玉玩好的部门;内府:掌藏贡、赋、货物、兵器的部门;外府:掌国内财货的出纳。

④ 入:包括九贡、九赋、九功的收入。出:包括分发其他各府以及九式的支出。会之:皆由大府会计(汇总),上报大宰。

【译文】

大府负责协助大宰掌管九贡、九赋、九功,收取缴纳的财物,并分拨给玉府、内府和外府。王朝的大小官吏和临时办事的人,都可按标准取用。所有下拨的财物,都要按照制度来:关市的收入,用作天子的衣食支出;国都的收入,用作接待宾客的支出;四郊的收入,用作牛马草料的支出;家削的收入,用作群臣俸禄的支出;邦甸的收入,用作土木建筑的支出;邦县的收入,用作馈赠礼物的支出;邦都的收入,用作祭祀的支出;山泽的收入,用作操办诸侯丧事和赈灾的支出;国库剩余的收入,用作赏赐群臣的支出;诸侯国进贡的收入,用作吊唁诸侯的支出;自由民进贡的收入,用作充实府库。除去以上开支后的钱财,用作天子的个人爱好。国家开支所需的财物,都可以从大府领取。年终时要统计一年财物的收支。

【拓展】

见第四十三条。

【思考】

请根据以上原典,联系当下财富现象,谈谈自己的感悟。

第九十一条

【原典】

　　景公问晏子曰："富民安众难乎？"晏子对曰："易。节欲则民富，中听则民安①，行此两者而已矣。"

《晏子春秋·内篇问下》

【注释】

　　① 中听：断狱公正。中，公正；听，听理刑狱。

【译文】

　　齐景公问晏子："让民众富足安乐，难吗？"晏子回答："不难！君主节制（奢靡）贪欲就会使民众富足，判案公正就会使民众安乐，做好这两件事就够了。"

【拓展】

　　晏婴（？—前500），字仲，谥"平"，史称"晏子"，夷维（今山东高密）人，春秋时期齐国宰相。在经济上提倡对民宽恤，以礼治国，限制上层的无限欲望，强调义利并存，提出了"义"对物质利益的制约作用的"幅利论"。

【思考】

　　请根据以上原典，联系当下财富现象，谈谈自己的感悟。

第九十二条

【原典】

故时年岁善①，则民仁且良；时年岁凶，则民吝且恶。夫民何常此之有②？为者寡③，食者众，则岁无丰。故曰：财不足则反之时④，食不足则反之用⑤。故先民以时生财⑥，固本而用财，则财足。故虽上世之圣王，岂能使五谷常收，而旱水不至哉？然而无冻饿之民者，何也？其力时急⑦，而自养俭也。故《夏书》曰⑧："禹七年水。"《殷书》曰⑨："汤五年旱。"此其离凶饿甚矣⑩，然而民不冻饿者，何也？其生财密，其用之节也。

《墨子·七患》

【注释】

① 时：通"是"；此。时年：这一年。岁：一年的农事收成。

② 此：此指民"仁且良"与"吝且恶"两种极端情况。

③ 为者寡：指生产者少。

④ 反之时：反过来从农时上考虑。

⑤ 反之用：反过来从消费上考虑。

⑥ 以时：顺应农时。

⑦ 力时急：尽力抓紧农时。

⑧ 《夏书》：《尚书》组成部分之一。

⑨ 《殷书》：又称《商书》，是《尚书》组成部分之一。

⑩ 离：通"罹"（lí），遭遇。

【译文】

丰年，百姓就容易大方善良；灾年，百姓就容易小气刁恶。百姓还是那些百姓，为什么常常表现出两种截然不同的性情呢？如果干活儿的人少，白吃饭的人多，就不可能有丰年。所以说：财物支出不够就要反思注重农时，粮食不够吃就要反思注意节约。因此，以前的百姓顺应农时而生财，加强农业生产并合理开支，财物自然就充足了。即使前世的圣王，难道能让五谷永远丰收、永远没有水旱灾害吗?！但（他们那时）却从无受冻挨饿的百姓，这是为什么呢？这是因为他们从来不耽误农时并且个人生活俭朴。《夏书》说："大禹统治的时候有七年的水灾。"《殷书》说："商汤统治的时候有五年的旱灾。"那时遭受的灾荒和饥馑可太严重了，然而百姓却没有受冻挨饿的，这是为什么呢？那是因为他们生产的财物多，而使用起来却很节俭。

【拓展】

墨子，名翟，春秋末年战国初年宋国人，曾担任宋国大夫，创立墨家学派，与儒学并称"显学"，影响颇大。在经济方面，与孔子的"罕言利"、孟子的"何必曰利"不同，墨子公开言

"利"，并且墨学十大纲领的目的也是"利"，判断是非的标准也是"利"。这个"利"就是"国家百姓人民之利"。重视生产劳动，关心劳动人民，认为劳动产生财富，也是家庭和睦、社会安定的基础。墨子重视农业生产，多投入劳动，多增加劳动人手，开垦荒地，鼓励生育，同时提出了节用、节俭和增加储藏以备灾荒的主张。

【思考】

请根据以上原典，联系当下财富现象，谈谈自己的感悟。

第九十三条

【原典】

足国之道①，节用裕民，而善臧其余②。节用以礼③，裕民以政④。彼裕民⑤，故多余。裕民则民富，民富则田肥以易⑥，田肥以易，则出实百倍。上以法取焉⑦，而下以礼节用之。余若丘山，不时焚烧，无所臧之，夫君子奚患乎无余？……此无他故焉，生于节用裕民也。不知节用裕民则民贫，民贫则田瘠以秽⑧，田瘠以秽则出实不半，上虽好取侵夺，犹将寡获也；而或以无礼节用之⑨，则必有贪利纠诉之名⑩，而且有空虚穷乏之实矣。此无它故焉，不知节用裕民也。《康诰》曰⑪："弘覆乎天，若德裕乃身。"此之谓也。

《荀子·富国》

【注释】

① 足国：使国家富裕。

② 臧：通"藏"。

③ 节用以礼：按等级制度规定节制开支和消费。

④ 裕民以政：采取政策措施使民众生活宽裕。

⑤ 彼：他，指君主。"裕民"疑为讹文，当为"节用"。

⑥ 易：治理，指土地耕种得很好。

⑦ 以法取：采用适当的政策征收赋税。

⑧ 秽(huì)：荒芜；田中多草。

⑨ 无礼节用之：不用礼来节制支出，指任意挥霍浪费。

⑩ 纠：收。诉(jiǎo)：取。纠诉：收取；搜刮。

⑪《康诰》：《尚书·周书》篇名。以下两句意思是说，君主像天那样普遍地养育百姓，又按道德标准行事，使百姓富裕，他自己也就会宽裕。

【译文】

使国家富足的方法是：节约开支，让民众富足，并善于储备多余的粮财。节约开支靠的是礼制标准，使民众富裕靠的是惠民的政策。君主节约开支，国库就会充盈；实行惠民政策，民众就会富裕起来。民众富裕了，整个国家的农田就能被精心照料、精耕细作，这样国家粮食总量就能增长百倍。国君依法征税，臣子依制使用，这样余粮就会堆积如山，即使时常烧掉陈粮，国库还是盛不下。这时候，君主哪里还用担心没有余粮呢？……这不是因为别的原因，只是由于执行了节约支出和惠民的政策。不懂节约支出和惠民，民众就会贫困；民众贫困了，农田就无人耕种而荒芜；农田无人耕种而荒芜，国家粮食总量比正常收入减一半。这样的情形下，即使君主对民众贪得无厌侵占掠夺，所能得到的仍然很少；如果臣子没有按制使用，一定会得到一味搜刮的坏名声，而且会造成国库空虚的恶劣后果。这不是因为别的原因，只是不懂得节约支出和惠民啊。《康诰》说："君主泽被天下，如苍天覆罩大地,庇护万姓子民。此种礼义,可使民众广受恩惠。"说的就是这个道理啊!

【拓展】

见第二十七条。

【思考】

请根据以上原典,联系当下财富现象,谈谈自己的感悟。

第九十四条

【原典】

故田野县鄙者①，财之本也②；垣窌仓廪者③，财之末也。百姓时和，事业得叙者，货之源也；等赋府库者，货之流也。故明主必谨养其和，节其流，开其源，而时斟酌焉。潢然使天下必有余④，而上不忧不足。如是，则上下俱富，交无所藏之，是知国计之极也。故禹十年水，汤七年旱，而天下无菜色者，十年之后，年谷复熟，而陈积有余，是无它故焉，知本末源流之谓也。故田野荒而仓廪实，百姓虚而府库满，夫是之谓国蹶⑤。伐其本，竭其源，而并之其末，然而主相不知恶也，则其倾覆灭亡可立而待也。

《荀子·富国》

【注释】

① 县鄙：郊外，泛指乡村。

② 本：本源。

③ 垣：矮墙。窌（jiào）：同"窖"。

④ 潢（guāng）：水深广的样子。

⑤ 蹶：倾覆。

【译文】

广袤的农田，百姓有条不紊地劳作是财物的本源；各种名目的赋税和仓储，是财物的末梢。所以英明的君主一定小心地顺应农时，开源节流，因时制宜。这样，财货如大水涌流绰绰有余，君主也就再也不用担忧财货不足的问题了。如此，上自君主，下至百姓，均得富足，公私仓廪，俱得丰实，这是最懂得治国之道了。所以，即便夏禹经历了十年水灾，商汤遭受了七年旱灾，但天下并没有挨饿的百姓；十年以后，新粮入仓，旧粮尚余。这并没有其他原因，只是因为禹、汤深知本和末、源和流的关系。所以，在农田荒芜、百姓贫困而国库却堆满了粮食和财物的时候，就可以说国家快要灭亡了。断根本，枯源头，财物尽归国库，然而君主和宰相还不知其危害，那么国家覆灭指日可待。

【拓展】

见第二十七条。

【思考】

请根据以上原典，联系当下财富现象，谈谈自己的感悟。

第九十五条

【原典】

天下既定,民亡盖藏。……上于是约法省禁^①,轻田租,什五而税一,量吏禄,度官用,以赋于民。而山川、园池、市肆租税之入^②,自天子以至封君汤沐邑^③,皆各为私奉养,不领于天子之经费^④。漕转关东粟以给中都官^⑤,岁不过数十万石。

《汉书·食货志》

【注释】

① 上:指汉高祖刘邦。

② 市肆:货物交易场所。

③ 封君:领有封地的贵族。汤沐邑:指国君、皇后、公主等收取赋税的私邑。

④ 经:常。以上三句意谓:从天子到封君的汤沐邑,各收其赋税以自供,叫作"私奉养",这笔费用不再从国家财政开支,从而使皇室财政与国家财政分开。

⑤ 中都官:指京师诸官府。

【译文】

天下平定后,百姓生活匮乏,没有多余的钱粮。……皇帝于是简法宽刑,减轻农民田租到十五税一。国家统计出官吏俸禄和其他开支后,据此再向百姓收税。从天子到有封地的贵族,私邑封地内的山林河川、园囿湖泊和市场的租税收入,都归各自所有和支出,但不能从国库中支出。所以,当时从山东漕运粮食,以供给京都(长安城)中的官员,每年不过数十万石。

【拓展】

见第三条。

【思考】

请根据以上原典,联系当下财富现象,谈谈自己的感悟。

第九十六条

【原典】

孝文皇帝即位二十三年,宫室苑囿、车骑服御无所增益。有不便,辄弛以利民①。尝欲作露台②,召匠计之,直百金。上曰:"百金,中人十家之产也③。吾奉先帝宫室,常恐羞之,何以台为!"身衣弋绨④,所幸慎夫人衣不曳地,帷帐无文绣,以示敦朴为天下先。治霸陵⑤,皆瓦器,不得以金银铜锡为饰,因其山,不起坟。

《汉书·文帝纪·赞》

【注释】

① 弛:松弛。
② 露台:原址在陕西新丰镇南骊山顶。
③ 中人:中等收入人家。
④ 弋绨(tí):黑色厚缯。
⑤ 霸陵:汉文帝陵。

【译文】

孝文皇帝在位二十三年,宫殿、御苑、车骑、服御一点也没增加。当原有的禁令束缚百姓时,就放开禁令,以利百姓。他曾想造一座观天象的露台,召工匠来预算开支,造价需要百金。文帝说:"百金是十户中等人家的家产。我继守先帝的宫室,常常担心的是让先帝蒙羞,现在为什么还有非分之想去建造露台呢?"文帝自己身穿黑色绨衣,他所宠爱的慎夫人衣长也不拖地,帷帐也不绣花,以推崇俭朴,为天下做榜样。修造霸陵陵墓,一律用瓦器,不准用金银铜锡装饰;因山起陵,不再动用民力另建坟冢。

【拓展】

见第三条。

【思考】

请根据以上原典,联系当下财富现象,谈谈自己的感悟。

第九十七条

【原典】

生财有大道①：生之者众，食之者寡，为之者疾，用之者舒②。则财恒足矣。

《礼记·大学》

【注释】

① 大道：指原则，规律。
② 句意为：从事生产的人多，供养的人少，做事勤快，开支节省。

【译文】

生财的规律是：从事生产的人多，而需要供养的人少；做事的人勤快，而花费的人节俭。这样，财富就永远足够了。

【拓展】

《礼记》又名《小戴礼记》，西汉礼学家戴圣所编。《礼记》是中国古代一部重要的典章制度选集，共二十卷四十九篇。书中内容是先秦的礼制，体现了先秦儒家的哲学思想、教育思想、政治思想、美学思想等。在经济上注重道德规范对经济的关系，对消费、分配、生产、财政、手工业和商业都提出规范，在财政方面，对赋税、徭役、国用、积贮论述颇多，其中"量入为出"的思想、重视积蓄财富和粮食以备灾荒的思想对后世影响很大。

【思考】

请根据以上原典，联系当下财富现象，谈谈自己的感悟。

第九十八条

【原典】

国无九年之蓄,曰不足;无六年之蓄,曰急;无三年之蓄,曰国非其国也。三年耕,必有一年之食;九年耕,必有三年之食①。以三十年之通②,虽有凶旱水溢,民无菜色。

《礼记·王制》

【注释】

① 这两句是说,三年耕种的收获,除去消费外,还能有一年的结余;九年则有三年的结余。
② 以三十年之通:三十年通算,就有十年的结余。

【译文】

一个国家如果没有九年的战略储备叫作储备不足;如果没有六年的战略储备叫作储备危急;如果没有三年的战略储备就可以说国家无法维持下去了。耕种三年,一定要储备一年的余粮;耕种九年,一定要储备三年的余粮。合算三十年的时间(该有十年的余粮储备),即使遇到水旱凶荒的年景,老百姓也不会挨饿了。

【拓展】

见第九十七条。

【思考】

请根据以上原典,联系当下财富现象,谈谈自己的感悟。

第九十九条

【原典】

　　冢宰制国用①,必于岁之杪②。五谷皆入,然后制国用。用地小大③,视年之丰耗,以三十年之通制国用④。量入以为出。

　　　　　　　　　　　　　　　　　　　　　《礼记·王制》

【注释】

　　① 国用:国家财政支出,包括王室的费用与国家的支出两部分。
　　② 杪(miǎo):指年、月或四季的末尾。
　　③ 用:根据。
　　④ 以三十年之通制国用:通计三十年所入之数,使有十年之余。即将每岁所入分为三份,用其两份,结余一份。

【译文】

　　冢宰编制下一年度国家经费预算,一定要在年终进行。因为要等粮食入国库后才能编制预算。编制预算的时候,要考虑国土的大小和年成的丰歉,用三十年收入的平均数作为编制预算的依据,量入为出。

【拓展】

　　见第九十七条。

【思考】

　　请根据以上原典,联系当下财富现象,谈谈自己的感悟。

第一百条

【原典】

　　夫财货之生,既艰难矣,用之又无节;凡人之性,好懒惰矣,率之又不笃;加以政令失所,水旱为灾,一谷不登,崆腐相继①;古今同患,所不能止也,嗟乎!……既饱而后轻食,既暖而后轻衣。或由年谷丰穰,而忽于蓄积;或由布帛优赡,而轻于施与:穷窘之来,所由有渐。故《管子》曰:"桀有天下,而用不足;汤有七十二里,而用有余,天非独为汤雨菽、粟也②。"盖言用之以节。

　　　　　　　　　　　　　　　　　　　　(北魏)贾思勰:《齐民要术·序》

【注释】

　　① 崆腐:指饿死的人。
　　② 语出《管子·地数篇》,雨(yù):名词活用为动词,落下,降下。

【译文】

　　财货生产本来就很难,奢侈浪费、人好逸恶劳的本性、做事不肯尽心尽力的状态、政令混乱、水旱灾害这些因素叠加在一起,一年歉收,就会饿殍遍地。这种祸患,古往今来一直存在却无法消除,唉!痛心啊!……人一旦饱暖之后就开始轻视粮食和衣服。粮食连年丰收会导致忽视粮食的储备,布帛一直充足会导致轻视桑麻的种植。穷困有一个逐渐积累恶化的过程。所以《管子》中说:"夏桀虽然拥有整个天下,但用度捉襟见肘;商汤虽然只有七十二里的封国,但用度绰绰有余。老天是不会单独为商汤降下豆子和小米的。"这是说用度要节约才行。

【拓展】

　　《齐民要术》,贾思勰撰。贾思勰,青州益都(今山东寿光)人,北魏、东魏时期大臣,中国古代杰出的农学家。《齐民要术》一书全面总结了农、林、牧、副、渔各业在耕作、育苗、育种、嫁接、饲养、加工制作等方面的方法、技术、经验和规律。在思想上强调顺应自然,"顺天时,量地利,则用力少而成功多;任情反道,劳而无获"。同时把天当作自然物,主张认识、利用并改造它,反对"生死由命、富贵在天"的命定论。他把生产活动与人们的生活联系起来,认为"人生在勤,勤则不匮","力能胜贫,谨能胜祸",对后世的农业生产有深远的影响。

【思考】

　　请根据以上原典,联系当下财富现象,谈谈自己的感悟。

第一百〇一条

【原典】

臣以为谷帛难生，而用之不节，无缘不匮。故先王之化天下，食肉衣帛，皆有其制。窃谓奢侈之费，甚于天灾。古者尧有茅茨①，今之百姓竞丰其屋；古者臣无玉食，今之贾竖皆厌粱肉②；古者后妃乃有殊饰，今之婢妾被服绫罗；古者大夫乃不徒行，今之贱隶乘轻驱肥。古者人稠地狭而有储蓄，由于节也；今者土广人稀而患不足，由于奢也。欲时之俭，当诘其奢；奢不见诘，转相高尚。昔毛玠为吏部尚书③，时无敢好衣美食者。魏武帝叹曰："孤之法不如毛尚书。"令诸部用心，各如毛玠，风俗之移，在不难矣。

《晋书·傅咸传》

【注释】

① 茅茨：茅草铺盖屋顶，此指茅屋，传说尧住茅屋。
② 厌：通餍，吃饱，满足。粱肉：泛指美食佳肴。粱：谷子。
③ 毛玠：曹操谋士，主管选举官吏，主张廉洁节俭。官吏凡无政绩而私财丰足者，皆废黜不用。

【译文】

我认为衣食生产本来就很艰难，再加上使用的时候不注意节俭，这样就没理由不匮乏。所以先王教化天下，吃穿用度皆有标准。我认为奢侈造成的浪费，比天灾还厉害。古代尧帝都住在茅草屋中，现在的百姓却竞相把自己的房子盖得更加高大；古代臣子都很难吃到珍贵而美味的食物，现在连商贾都天天吃着精美的粱肉；古代只有帝后和妃子才有珍贵的装饰，现在连奴婢和小妾都穿着绫罗绸缎；古代只有到大夫身份才能不徒步走路，现在连卑贱的奴隶都乘高车、策骏马；古代人多地少但有储蓄，那是因为注意节约；现在地多人少还担心财货不够用，这是因为过于奢侈。想要节约蔚然成风，就应该批判奢靡；奢靡之风不被批判，就会被相互追捧。原来毛玠做吏部尚书的时候，当时的人没有敢追求好衣美食。魏武帝（曹操）赞叹说："我的措施不如毛尚书。"如果让各部都像毛玠一样尽心尽力，风俗的改变，就不是困难的事儿。

【拓展】

《晋书》，二十四史之一，唐代房玄龄等人合著，作者众多，共二十一人。该书有叙例、目录各一卷，帝纪十卷，志二十卷，列传七十卷，载记三十卷，共一百三十二卷。其中的"载记"部分，记述了十六国政权的状况。

【思考】

请根据以上原典，联系当下财富现象，谈谈自己的感悟。

第一百〇二条

【原典】

夫地力之生物有大数①,人力之成物有大限②。取之有度,用之有节,则常足;取之无度,用之无节,则常不足。生物之丰败由天,用物之多少由人。是以圣王立程③,量入为出,虽遇灾难,下无困穷。理化既衰④,则乃反是,量出为入,不恤所无⑤。

(唐)陆贽:《均节赋税恤百姓六条》,《陆宣公集》卷二十二

【注释】

① 大数:指自然的限度。

② 大限:极限。

③ 程:章程,规章,这里指财政原则。

④ 理化:治理与教化。

⑤ 恤:忧虑,顾惜。

【译文】

田地的粮食的产量是有上限的,人们生产物品的数量也是有上限的。取用有度,就能长久充裕;取用无度,就会经常匮乏。产量的多少是靠上天决定的,用量的多少则是由人来决定的。所以睿智的帝王会设置财政使用的规章制度,量入为出,即便是遇到天灾,百姓也不会穷困。治理与教化衰败之后,情形就会相反,量出为入,不考虑有没有的问题。

【拓展】

见第八十一条。

【思考】

请根据以上原典,联系当下财富现象,谈谈自己的感悟。

第一百〇三条

【原典】

臣窃观前代人庶之贫困者①，由官吏之纵欲也；官吏之纵欲者，由君上之不能节俭也。……盖以君之命行于左右，左右颁于方镇②，方镇布于州牧③，州牧达于县宰④，县宰下于乡吏，乡吏传于村胥，然后至于人焉。自君至人，等级若是，所求既众，所费滋多，则君取其一，而臣已取其百矣。所谓上开一源，下生百端者也。岂直若此而已哉！盖亦君好则臣为，上行则下效。故上苟好奢，则天下贪冒之吏将肆心焉⑤；上苟好利，则天下聚敛之臣将置力焉⑥。雷动风行，日引月长，上益其侈，下成其私，其费尽出于人，人实何堪其弊！此又为害十倍于前也。夫如是，则君之躁静为人劳逸之本⑦，君之奢俭为人富贫之源。……盖百姓之殃，不在乎鬼神，百姓之福，不在乎天地，在乎君之躁静奢俭而已。

（唐）白居易：《策林二·人之困穷由君之奢欲》，《白氏长庆集》

【注释】

① 人：民。唐避李世民讳，改"民"作"人"，下同。
② 方镇：掌握一方兵权的军事长官。
③ 州牧：州内最高行政长官。
④ 县宰：即县令，一县的行政长官。
⑤ 贪冒：贪图财利。
⑥ 置力：意谓用力争取。
⑦ 躁：急躁；不安静，指君主喜好不断兴办各种事功。

【译文】

我观察前代百姓贫困的原因，是官吏的贪欲导致的。而官吏的贪欲，则是因为君主不能节俭导致的。……君主的命令从朝中大臣、各地军事长官、行政长官、县官、乡吏、村长层层下传，最后才到达普通百姓。从君主到百姓，有这么多等级，君主征求得多，相应的开支就越多。如果君主从百姓身上所取是"一"，那么下面各级官吏就能取"百"。这就是"上开一源，下生百端"（后患无穷）。难道仅仅是这样吗！君主喜欢，臣子就会尽全力去做，上行下效。所以，如果君主喜好奢靡，那么天下贪财的官吏就会趁机肆意妄为；君主如果喜好财物，那么天下能搜刮的官吏就会横征暴敛。雷声动，风随起，时间长了，君主愈加奢靡，下面的官吏则趁机中饱私囊，然而这些费用都是从百姓身上来的，百姓怎么能承受得了这样的危害呢！这种危害比前面讲的还要厉害十倍。明白这个道理，那么就知道君主的浮躁或安静是百姓劳苦或安逸的根源，君主的奢侈或节俭是百姓富足和贫困的根源。

所以,百姓的灾祸,不在于鬼神;百姓的福气,不在于天地,都在于君主的浮躁或安静、奢侈或节俭罢了。

【拓展】

见第八十三条。

【思考】

请根据以上原典,联系当下财富现象,谈谈自己的感悟。

第一百〇四条

【原典】

人所以为人,足食也;国所以为国,足用也。然而天不常生^①,其生有时;地不遍产^②,其产有宜;人不皆作,其作有能^③;国不尽得,其得有数。一谷之税、一钱之赋给公上者^④,各有定制。苟不量入以为出,节用而爱人,则哀公云"二犹不足^⑤",《公羊》谓"大桀小桀^⑥"。诛求无已,怨刺并兴^⑦,乱世之政也。

(宋)李觏:《国用第一》,《直讲李先生文集》卷六

【注释】

① 天不常生:指粮食生产有一定的季节。
② 地不遍产:意谓并非所有的土地都能生产粮食。
③ 其作有能:指有劳力者才能劳作。
④ 公上:指官府,朝廷。
⑤ 哀公:即鲁哀公。春秋末战国初鲁国国君。引语见《论语·颜渊》。二:指十分取二。
⑥《公羊》:即《公羊传》。儒家解释《春秋》的经典之一。据《公羊传》鲁宣公十五年:"什一者天下之中正也,多乎什一,大桀小桀。"意谓超过十分之一征税,就是大大小小的暴君。桀:夏朝末代君主,古代被视为暴虐的代表者。
⑦ 刺:讽刺;谴责。

【译文】

人活着,要吃饱饭;国家运转,要有充足的物资。然而粮食生产有一定的季节,并且不是所有的土地都能生产粮食,况且不是所有的人都能从事农业,所以,国家的收入是有限的。交给国家的赋税:每一粒谷子和每一文钱,都有定制。如果不能量入为出、节约用度,体恤百姓,就会出现鲁哀公说的"二犹不足",《公羊传》中说的"大桀小桀"的情况。国家不断地向百姓加征赋税,就会导致百姓怨声载道,是会导致乱世的劣政。

【拓展】

见第九条。

【思考】

请根据以上原典,联系当下财富现象,谈谈自己的感悟。

第一百〇五条

【原典】

　　洪范八政,首以食货,天下之事,未有若斯之急者也。既至穷空,岂无忧患?而不闻节用以取足,但见广求以供用。夫财物不自天降,亦非神化。虽太公复出于齐①,桑羊更生于汉②,不损于下而能益上者,未之信也。况今言利之臣乎?农不添田,蚕不加桑,而聚敛之数,岁月增倍。辍衣止食,十室九空。本之既苦,则去而逐末矣。又从而笼其末,不为盗贼,将何适也?况旱灾荐至③,众心悲愁,乱患之来,不可不戒。明公何不从容为上言之。

　　国奢示俭,抑有前闻。动人以行,不烦虚语。必也省宫室之缮完,彻服玩之淫靡④,放宫女以从伉俪⑤,罢乐人以归农业。后庭爱幸,使衣无曳地;群下赐予,使赏必当贤。戒逸乐之荡心,慕淳朴之为德,不惟惜费,亦足移风。

　　　　　　　　　　　　(宋)李觏:《寄上范参政书》,《李觏集》卷二十七

【注释】

　　① 太公:指姜太公。
　　② 桑羊:指西汉理财家桑弘羊。
　　③ 荐:屡次,接连。
　　④ 彻:同"撤"。
　　⑤ 伉俪:夫妻,配偶。

【译文】

　　《洪范》的八大政事中,首先是财政经济。天下的事情,没有比财政经济更重要的事。如果国家到了财政穷困、仓库空虚的时候,哪能没有忧患呢?但我听不到朝中节约用度以达富足的主张,只看到朝廷不断增加赋税以供开支的政策。财物不是从天上掉下来的,也不是鬼神变出来的。即便是齐国的姜太公、汉朝的桑弘羊死而复生,如果不从百姓那里收取赋税却能让国家受益,我不信。更何况是今天负责经济的普通臣子呢?用于产粮的田地和养蚕的桑树都没有增加,但赋税额度却与日俱增,这导致了百姓无衣无食,十室九空。既然从事农业如此辛苦,农民就都弃农从商了。国家又把收税的大网撒向了商贾,百姓不去做盗贼,还能干什么呢?何况旱灾不断,百姓心里悲苦,将来就有可能出现动乱这样的祸患,不可以不警惕。您为什么不在合适的时机向皇帝说明情况呢?

　　或许您也听说过以前的事情:国家的奢靡之风就应该用节俭的行为来纠正。让人们发生改变需要的是行为,不必说太多的大道理。一定要节约宫殿的修缮装饰,撤销对服饰器用玩好之物的奢靡追求,遣散宫女让她们去民间结为夫妻,取消歌舞艺人让他们去回家种田。后宫宠爱的妃子,要求她们不要有拖地的衣服;赏赐群臣的时候,一定要赏赐给有

才能的人。戒除享乐至上的心态，把淳朴作为道德追求，这样做不仅能节约费用，也可以改变社会风气。

【拓展】

见第九条。

【思考】

请根据以上原典，联系当下财富现象，谈谈自己的感悟。

第一百〇六条

【原典】

臣于财利,固未尝学,然窃观前世治财之大略矣。盖因天下之力,以生天下之财;取天下之财,以供天下之费。自古治世[1],未尝以不足为天下之公患也,患在治财无其道耳[2]。今天下不见兵革之具,而元元安土乐业[3],人致己力,以生天下之财;然而公私常以困穷为患者,殆以理财未得其道,而有司不能度世之宜而通其变耳[4]。

(宋)王安石:《上仁宗皇帝言事书》,《临川先生文集》

【注释】

① 治世:治理天下。

② 道:指适宜的办法。

③ 元元:百姓。

④ 度(duó):揣度;衡量。宜:事宜;情况。度世之宜而通其变:意谓根据社会具体情况的要求而相应地采取变通措施。

【译文】

关于财政经济,我虽然原来没有专门学习过,但我看懂了历代理财的基本思路。天下人的劳动,产生了天下的钱财;用天下的钱财,让天下人共同使用。自古以来治理天下,不会因为财物不足成为天下大害,问题往往出在没有用适宜的方法来理财。现在天下太平,百姓安居乐业,人尽其力,天下的钱财源源不断地产生;然而无论是国家还是百姓都以穷困为忧,这是因为没有用正确的方法来理财,那些负责财政的官员不能因时制宜。

【拓展】

见第十条。

【思考】

请根据以上原典,联系当下财富现象,谈谈自己的感悟。

第一百〇七条

【原典】

理财之要,莫先于节费①;费不节而欲求财之丰,是犹因风纵火而望山木之丛茂②,不可得也。

(宋)范浚:《节费》

【注释】

① 节费:节约开支。
② 望:奢望。

【译文】

理财最重要的事情是节约开支。不节约开支还想要钱财充裕,这就相当于顺风放火的同时还奢望山林茂密一样,是不可能的事。

【拓展】

范浚(1102—1150),字茂名,婺州兰溪(今金华兰溪)人,理学家,朱熹两次拜访而未遇,甚遗憾,尊其为"子",世称"香溪先生"。在经济上,主张"理财均输,蠲赋惠民",撰写了《节费》《议钱》《平籴》《实惠》四篇专论财政之文。

【思考】

请根据以上原典,联系当下财富现象,谈谈自己的感悟。

第一百〇八条

【原典】

一日一钱，千日一千。绳锯木断，水滴石穿。口腹之欲，何穷之有？每加节俭，亦是惜福。贪淫之过①，未有不生于奢侈者。俭则不贪不淫，是可以养德也。

（宋）罗大经：《鹤林玉露》

【注释】

① 贪淫：贪，贪婪；淫，过度。

【译文】

一天一文钱，一千天一千文钱。绳锯木断，水滴石穿。口腹之欲，哪会有穷尽呢！平时注意节俭，也是珍惜福分。贪婪淫逸的过错，都是因为追求奢侈而产生的。注意节俭就能不贪婪淫逸，也可以用来涵养道德。

【拓展】

罗大经（1196—1252），字景纶，号儒林，又号鹤林，南宋吉州吉水（今江西吉水）人。《鹤林玉露》一书抨击南宋偏安一隅和秦桧乞和，对百姓多有同情，有补史、证史之功。经济思想上主张节俭、力戒奢侈。

【思考】

请根据以上原典，联系当下财富现象，谈谈自己的感悟。

第一百〇九条

【原典】

保国之道,藏富于民。民富则亲,民穷则离,民之贫富,国家休戚系焉①。自昔昏主恣意奢欲,使百姓困乏,至于乱亡。朕思微时,兵荒饥馑,日食藜藿②。今日贵为天子,富有天下,未尝一日忘怀,故宫室器用,一从朴素,饮食衣服,皆有常供③,惟恐过奢,伤财害民也。

《明太祖实录》卷一百七十四

【注释】

① 系:维系,关系。

② 藜:一种带刺蔓生野草。藿:草名,即藿香。

③ 常供:按平常供给。

【译文】

保护国家的正确方法在于藏富于民。百姓富足,就会拥护国家,百姓贫穷,就会背离国家,百姓的贫富与国家祸福是息息相关的。原来有些昏君随心所欲,恣意妄为,导致百姓生活贫苦,以至于最终国家陷入动乱而灭亡。我回忆起自己原来还是平民百姓的时候,战争、饥饿接连不断,每天吃野菜度日。现在,我已经贵为天子,富有天下,但不曾有一天忘记自己过去的经历,所以宫殿和用品,都一律朴素为尚,饮食衣服,按平常供给即可,惟恐过度奢侈,浪费钱财让百姓受害。

【拓展】

《明太祖实录》,所录上起元代至正辛卯(1351),下讫洪武三十一年戊(1398),首尾四十八年,记录明太祖、建文帝两朝事迹,共二百五十七卷。因中有新皇登基、燕王朱棣"靖难"之变,该书凡三修。其中史料可与《明史》相参。

【思考】

请根据以上原典,联系当下财富现象,谈谈自己的感悟。

第一百一十条

【原典】

夫古者，王制以岁终制国用，理入以为出，计三年所入，必积有一年之余，而后可以待非常之事，无匮乏之虞，乃今一岁所出，反多于所入，如此年复一年，旧积者日渐销磨，新收者日渐短少。目前支持已觉费力，脱一旦有四方水旱之灾，疆场意外之变，何以给之？此皆事不可知，而势之所必至者也。此时欲取之于官，则仓廪所在皆虚，无可措取；欲取之于民，则百姓膏血之竭，难以复支，而民穷势蹙，计乃无聊，天下之患，有不可胜讳者，此臣等所深忧也。

夫天地生财，止有此数，设法巧取，不能增多，唯加意撙节①，则其用自足。伏望皇上将该部所进揭贴，置之坐隅，时赐省览。总计内外用度，一切无益之费，可省者省之，无功之赏，可罢者罢之，务使岁入之数，常多于所出，以渐复祖宗之旧，度国用可裕，而民力亦赖以少宽也。鄙谚云："常将用日思无日，莫待无时想有时。"此言虽小，可以喻大。

（明）张居正：《岁赋出入疏》

【注释】

① 撙节：节省。

【译文】

古代的制度，在年终的时候制定国家的开支，量入为出。总揽统计三年的收入，要攒出一年作为剩余，这样才能应对额外的国家开支，不会有经济匮乏的担忧。然而现在一年的开支，反而比一年的收入还多，这样年复一年下去，原来积攒的钱财越用越少，每年新收的钱财越来越不够用。现在勉强维持已经很费力了，倘若万一各地有水旱的天灾、突发的战争，用什么来保障供给呢？这些事情都无法准确预料何时发生，但从大势上看，是一定会发生的。这时候想从官府仓库中取用钱财，但官府的仓库都是空的，不可能得到钱财；如果想从百姓身上加征赋税，那么百姓用血汗换来的钱财就会被榨干，生活就难以为继。生活难以为继，想不出办法赖以生存，那么天下的祸乱，就有很多说不完的事了（暗指会发生农民起义）。这是我们做臣子的最担忧的事情。

天地间的钱财，是有一定数量的，想尽各种方法骗取百姓钱财，不会增加钱财总量，只有多重视节约，才能在开支上够用。希望皇帝把这个部门呈上来的文书放在座位一边，经常看一看。整体上算一下内外的开支，一切没有用的开支，能省就省，无用的赏赐，能去就去，务必让每年的收入总是多于开支，这样才能慢慢恢复祖宗原来的情况。国家的用度充裕了，百姓的用度也就稍微宽松了。俗语说："要经常在有钱的时候想到没钱的时候，不要等到没钱的时候再想有钱的时候。"这句话虽然很浅，但可以用来比喻国家大事。

【拓展】

见第六十四条。

【思考】

请根据以上原典,联系当下财富现象,谈谈自己的感悟。

第一百一十一条

【原典】

议者多谓奢僭之人①,自费其财,无害于治,反讥禁者不达人情,一齐众楚②,法岂能行。殊不知风俗奢僭,不止耗民之财,且可乱民之志。盖风俗既以奢僭相夸,则官吏俸禄之所入,小民农商之所获,各亦不多,岂能足用。故官吏则务为贪饕,小民则务为欺夺。由是推之,则奢僭一事,实生众弊,盖耗民财之根本也。

(明)何瑭:《民财空虚之弊疏》,《明经世文编》卷一百四十四

【注释】

① 僭(jiàn):过分。

② 一齐众楚:孟子说,楚国某大夫请一个齐国人教自己的儿子学齐国话,但其子周围都是楚国人,结果是一个齐国人教的作用抵不上众多楚国人的影响。

【译文】

议论的人都说生活奢侈的人,用的是自己的钱财,对于国家治理没有危害,反而讥讽那些禁止奢侈的人不通人情,一齐众楚,法律怎么能贯彻呢?(他们)竟然不知道风俗奢靡带来的危害不仅是耗费百姓的财力,而且会惑乱百姓的心志。民风如果以奢靡相互攀比,那么官吏收入的俸禄,农民商人等百姓的收入,并没有增加,这样怎么能够用呢?所以就会导致官吏一门心思想着贪污,百姓一门心思想着欺骗和夺取。由此推论得知,奢靡这件事,会产生一系列的弊端,这是消耗百姓钱财的根本原因。

【拓展】

何瑭(1474—1543),字粹夫,号柏斋,怀庆(今河南武陟)人。明弘治年进士,官至南京右都御史。平生究心时务,论及徭役兵粮皆能深中时弊。

【思考】

请根据以上原典,联系当下财富现象,谈谈自己的感悟。

第一百一十二条

【原典】

人生不能一日而无用，即不可一日而无财，然必留有余之财而后可供不时之用，故节俭尚焉。夫财犹水也，节俭犹水之蓄也，水之流不蓄，则一泄无余而水立涸矣①；财之流不节，则用之无度而财立匮②矣。我圣祖仁皇帝躬行节俭之为天下先，休养生息，海内殷富，犹兢兢以惜财用示训。盖自古民风皆贵乎勤俭，然勤而不俭，则十夫之力不足供一夫之用，积岁所藏不足供一日之需，其害为更甚也。夫兵丁钱粮有一定之数，乃不知撙节，衣好鲜丽，食求甘美，一月费数月之粮，甚至称贷以遂其欲，子母相权，日复一日，债深累重，饥寒不免。农民当丰收之年仓箱充实，本可积蓄，乃酬酢往来③，率多浮费，遂至空虚。夫丰年尚至空虚，荒歉必至穷困，亦其势然也。似此之人，国家未尝减其一日之粮，天地未尝不与以自然之利，究至啼饥号寒、困苦无告者，皆不节俭所致。更或祖宗勤苦俭约，日积月累，以致充裕，子孙承其遗业，不知物力艰难，任意奢侈，夸耀里党，稍不如人，即以为耻，曾不转盼遗产立尽，无以自存，求如贫者之子孙，并不可得，于是寡廉鲜耻，靡所不至。弱者饿殍沟壑，强者作愚犯刑。不俭之害，一至于此。《易》曰："不节若，则嗟若。"盖言始不节俭，必至嗟悔也。尔兵民当凛遵圣训，绎思不忘。

(清)康熙颁谕雍正辑：《圣谕广训·尚节俭以惜财用》

【注释】

① 泄：通"泻"。

② 匮(kuì)：缺乏。

③ 酬酢(chóu zuò)：交际，应付。

【译文】

人活着，一天也不能没有生活必需品，也就是说不可一日无钱财。然而，必须留有多余的钱财之后才能供给意外开支，因此节俭非常重要。钱财就像水一样，节俭就像水的积蓄。倘若水在流淌中不注意积蓄，那就会一泻无余而很快干涸；钱财的花费不注意节制，就会用之无度而很快缺乏。我父亲康熙皇帝身体力行、实行节俭，为全国百姓做出了榜样，他让百姓休养生息，国内殷富，但仍能兢兢业业、紧缩开支，以爱惜钱财而示训国人。自古以来的民风崇尚勤俭，然而如果只勤不俭，那么十人积累的钱财还不够一人的开支，积攒一年的钱财还不够一天的花费，不节约的害处就更大。兵丁的钱粮是一定的，如果不知道节省，穿鲜艳华丽的好衣服，吃甘甜美味的好食物，一个月花费几个月的粮食，甚至靠借贷来满足欲望。所贷的本金和利息相互叠加，日复一日，债务越来越重，最后就会饥寒交迫。农民在丰收的年份里粮仓和钱箱充实，本来可以储存积蓄，但交际应酬，大多华而不实、空虚浪费，导致了钱粮空虚。丰收的年份尚且钱粮空虚，到了灾荒和歉收的时候必然会穷困，这是大势所趋。像这样的人，国家一天也没有减少他的粮食，天地也没有不给他自然的获利，最终却到了饥寒哭号、穷困痛苦而无处诉说，都是因为自己不节俭导致的。还有的祖辈勤劳吃苦节约生活，日积月累，生活才富裕。他们的子孙承接了祖辈留下的钱财产业，不知道一切财物来之不易，任意奢侈，在周围人那里吹嘘炫耀，稍微不如别人，就觉得羞耻。没有想到，转瞬之间，祖辈留下的钱财产业很快用光，无法生存。即便是想成为贫困人家的子孙，也做不到了（奢侈已经成了习惯，不能吃苦耐劳）。于是就寡廉鲜耻，什么不好的事都做得出来。懦弱一点的饿死在沟壑中，强悍一点的做傻事触犯刑法。不节俭的危害，竟然到了这样的地步。《易》说："不节若，则嗟若。"这句话是说一开始不约束节俭，最后一定会嗟叹后悔。你们无论是士兵还是百姓，都要严格遵守康熙帝的训诫，永远记住，不要忘记。

【拓展】

见第六十八条。

【思考】

请根据以上原典，联系当下财富现象，谈谈自己的感悟。

第一百一十三条

【原典】

夫俗奢而不知禁,财糜而不知节,当官者皆黩货①,而力田者多逐末,此亦民穷财尽之秋。及今不理,后必无措,再有水旱,何以临之?欲富国者,莫如足民;欲足用者,莫如节用。重农桑而抑末作,赏廉洁而诛贪墨②,所以风天下以去奢即俭也。转移之效,捷若桴鼓。诚能如是,而财不阜不俗不康者③,吾弗信也。财阜俗康,而天下自治,此所谓本也。其余一切理财之说,皆末也。本立而末举,然后次第行之,乃始不止以救一时之急,而可以巩万世之基。

(近代)王韬:《弢园文录外编·代上苏抚李宫保书》

【注释】

① 黩:玷污。

② 贪墨:贪污。

③ 阜:多。

【译文】

风气崇尚奢侈却不知道禁止,钱财使用奢靡却不知道节制,当官的人全被钱财所玷污,耕田的人大多变成了商人,这是百姓贫困钱财用尽的时期。现在不治理,以后就没有办法,再加上水旱灾害,用什么来赈灾呢?想要让国家富裕的办法,没有比得上让老百姓富足更好的了。想要钱财充裕,没有比得上节约开支更好的了。重视农业同时抑制商业,赞赏廉洁同时责罚贪污,这样移风易俗,使得风俗离开奢侈之风向节俭之风靠近。风俗转换的效果,就像鼓槌敲打鼓一样迅捷。果真如此,那么钱财不充足,民风不健康,我不相信有这样的事儿。钱财充足,民风健康,天下就能自己治理顺畅,这是根本。其余所有的理财的说法,都是细枝末节。根本确立,细枝末节自然解决,接下来依次施行,这样做不仅仅可以救急,也可以巩固万世的基础。

【拓展】

王韬(1828—1897),初名利宾,字紫诠,号仲弢。江苏长洲(今吴县)人,秀才出身。道光二十九年(1849)在上海受聘于英国教会办的墨海书馆,曾游历英、法、俄等国。同治十三年(1874)在香港主编《循环日报》,宣传变法自强。晚年在上海主持格致书院。所著《弢园文录外编》中,明确提出按照西方资本主义方式建立和发展中国的工商业,以抵制外国侵略,求得中国的独立富强;并要求收回澳门,废除不平等条约中的治外法权和关税协定等条款。

【思考】

请根据以上原典,联系当下财富现象,谈谈自己的感悟。

本 章 即 测 即 练

第 六 章

人与术——财富人才要论

 导读

"理财须人,治生有术"是中国古人积累、管理财富的基本经验之一。本章围绕古人财富管理的"人才观"与"方法论"选录原典19条。综观本章原典,可以概括为以下两个方面。

理财须人。财富的创造关键在人。《史记·货殖列传》讲:"贫富之道,莫之夺予,而巧者有余,拙者不足。""故善治生者,能择人而任时。"明代陆世仪说:"国家掌财最须得人,不特聚敛小人不可用,即庸才亦坏事不浅。"有了人才,才能管理好财政。中国历史上出现不少著名的理财家,如管子相齐,运用轻重之法,使桓公能"九合诸侯,一匡天下"。越王勾践用范蠡"计然"之术,"遂报强吴……称号'五霸'"。汉代桑弘羊精心谋划盐铁官营、平准均输等经济政策,不仅做到"民不益赋而天下用饶",而且为历代的禁榷制度开创了一个成功的范例。刘晏则改革籴粜与驿站制度,做到"各当本处丰俭,即日知价,信皆有术"。"是能权万货轻重,使天下无甚贵贱,而物常平。"

治生有术。经商治生关键是要顺应天时,把握规律。韩非子认为做事顺应天时、各尽其力、因地制宜、提高效率、互通有无、节约支出等都可以增加财富。他说:"人事、天功二物者皆入多,非山林泽谷之利也。夫无山林泽谷之利,入多因谓之宄货者,无术之言也。"范蠡、白圭根据商品"贵上极则反贱,贱下极则反贵","一贵一贱,极而复反"的价格波动规律,采取"旱则资舟,水则资车","人弃我取,人取我予"的原则,使贸易的物资能迎合将来的迫切需要,因而获利致富。在经营活动中应讲求商品质量,强调薄利多销,加速资金周转。司马迁说:"夫纤啬筋力,治生之正道也,而富者必用奇胜。"精打细算、勤劳节俭,是发财致富的正路,但想要致富还必须出奇制胜。他强调:"富无经业,则货无常主,能者辐凑,不肖者瓦解。"在他看来,致富并没有固定的行业,而财货也不会专属哪一个人,有本事的人能让财货集聚,没有本事的人则会家财消散。关键是要运用谋略,知"取予之道",并把"无财作力,少有斗智,既饶争时",作为致富的三项原则。《盐铁论·通有》写道:"故物丰者民衍,宅近市者家富。富在术数,不在劳身;利在势居,不在力耕也。"强调致富在于用心谋划和选择优越的地理位置,不在于一味劳碌。

中国古代"理财须人,治生有术"的思想仍具有重要现实意义。

第一百一十四条

【原典】

举事慎阴阳之和,种树节四时之适,无早晚之失、寒温之灾,则入多。不以小功妨大务,不以私欲害人事,丈夫尽于耕农,妇人力于织纴①,则入多。务于畜养之理,察于土地之宜,六畜遂,五谷殖,则入多。明于权计,审于地形、舟车机械之利,用力少致功大,则入多。利商市关梁之行②,能以所有致所无,客商归之,外货留之,俭于财用,节于衣食,宫室器械,周于资用,不事玩好,则入多。入多皆人为也。若天事,风雨时,寒温适,土地不加大,而有丰年之功,则入多。人事、天功二物者皆入多,非山林泽谷之利也③。夫无山林泽谷之利,入多因谓之窕货者④,无术之言也。

《韩非子·难二》

【注释】

① 纴(rèn):织布帛的丝缕。织纴:指纺织。

② 关梁:关口和津梁。

③ 山林泽谷:泛指山地、森林、湖泊等自然资源。

④ 窕货(tiǎo huò):来路不正的财物。

【译文】

做事顺应天时,种植遵从时令,没有因为播种过早过或晚导致农作物受寒热之灾,收入就能增加。不会因为耽于小利而误大事,也不会因为君主私欲扰乱农业,男耕女织,各尽其力,收入就能增加。遵照规律繁息牲畜,因地制宜发展农业,六畜兴旺,五谷丰登,收入就能增加。权衡利弊而明于得失,了解山川地理、水陆交通让舟车各用,提高效率,收入就增加了。商场集市、交通枢纽,皆能畅通无阻,从而互通有无,客商云集,财货留于国内;同时,节约支出,生活俭朴,房屋器具,实用即可,不求奢华之物,收入就能增加。上述这几项收入的增加,都是人为可控的。在天时上,如果风调雨顺,即使土地没有增加,也会有丰年的收成,收入就能增加。百姓勤勤恳恳、天气风调雨顺,都能增加收入,这并不是山林泽谷带来的。把这种不靠山林泽谷而增加的收入称为不义之财的言论是没有见识的。

【拓展】

见第二十八条。

【思考】

请根据以上原典,联系当下财富现象,谈谈自己的感悟。

第一百一十五条

【原典】

贫富之道,莫之夺予,而巧者有余,拙者不足。故太公望封于营丘,地潟卤①,人民寡,于是太公劝其女功②,极技巧,通鱼盐,则人、物归之,繦至而辐凑③。故齐冠带衣履天下,海岱之间④,敛袂而往朝焉⑤。其后,齐中衰,管子修之,设轻重九府⑥,则桓公以霸,九合诸侯⑦,一匡天下⑧。

《史记·货殖列传》

【注释】

① 潟(xì):盐碱地。

② 女功:女工的工作,指纺织。

③ □(qiǎng)至:络绎不绝。□,本指绳索,这里是指至者连接不断,像绳索相连一样。辐凑:本指车辐集中于轴心,比喻人或物聚集一处。

④ 海:指东海。岱:泰山。

⑤ 袂:衣袖。敛袂:整敛衣袖,是做拜揖行礼的准备。

⑥ 轻重:指货币。周代掌管货币的官府有大府、玉府等九府。

⑦ 合:会。九合诸侯:九次召集诸侯,以尊崇周王朝。

⑧ 一匡天下:让天下诸侯统一起来,承认周王朝的正统。匡:正。

【译文】

个人的贫富别人给不了,也夺不走。因为聪明的人,钱财总是绰绰有余,愚笨的人却总是入不敷出。原来,姜太公吕望被封在营丘,土地是盐碱地,人口也稀少。于是姜太公就鼓励女子纺织并极力提高工艺技巧,还开展鱼盐贸易。这样,其他地方的百姓和货物都源源不断来到齐国,如钱串一般,络绎不绝,像车辐一样,纷纷集中。所以,齐国生产的鞋帽、服饰畅销天下,从海滨到泰山之间的诸侯都恭恭敬敬来齐国朝拜。此后,齐国虽曾衰落,但管仲又重整姜太公的事业,设立调整物价的多个官府,齐桓公因此能称霸群雄,多次会盟诸侯,匡正天下。

【拓展】

见第三十二条。

【思考】

请根据以上原典,联系当下财富现象,谈谈自己的感悟。

第一百一十六条

【原典】

昔者越王勾践困于会稽之上①，乃用范蠡、计然②。计然曰："知斗则修备，时用则知物，二者形则万货之情可得而观已。故岁在金③，穰；水，毁；木，饥④；火，旱。旱则资舟⑤，水则资车，物之理也。六岁穰，六岁旱，十二岁一大饥，夫粜，二十病农，九十病末。末病则财不出，农病则草不辟矣。上不过八十，下不减三十，则农末俱利，平粜齐物，关市不乏，治国之道也。积著之理⑥，务完物，无息币。以物相贸易，腐败而食之货勿留，无敢居贵。论其有余不足，则知贵贱。贵上极则反贱，贱下极则反贵。贵出如粪土，贱取如珠玉。财币欲其行如流水。"修之十年，国富，厚赂战士，士赴矢石，如渴得饮，遂报强吴，观兵中国，称号"五霸"。

《史记·货殖列传》

【注释】

① 越王勾践：公元前497—前465年在位。曾大败于吴王夫差。会稽：山名，在今浙江中部绍兴东南。勾践为吴所败，即困居于此。

② 计然：史家说法不一，有认为是范蠡之师，有认为即越大夫文种，有认为是范蠡所著书篇名。今从范蠡之师说。

③ 岁：岁星，即木星。木星在黄道带里约十二年运行一周天，一周天分十二宫，因此每经一宫即为一年。春秋时用这种方法纪年，称岁星纪年法。金：五行之一。古人用五行来表示纪年。

④ 这里说岁星行至"木"。饥，即为歉年。但据《越绝书·计倪内经第五》记载："处木则康。"再联系后文"六岁穰，六岁旱"的说法，岁星行至"木"应为康年。

⑤ 资：贩卖，积蓄。

⑥ 积著：原意为囤聚货物，这里泛指经商致富的活动。

【译文】

从前（公元前494年，吴王夫差大败越国），越王勾践被迫退守会稽山，于是重用范蠡、计然。计然说："懂得战争一定会做好战备，同样的道理，懂得人们的需求才会懂商贸。懂得了供求二者的关系，天下货物流通的规律就全看明白了。所以，岁星在金，丰年；岁星在水，歉年；岁星在木，饥年；岁星在火，旱灾。旱灾时，就要备船以防涝灾；涝灾时，就要备车以防旱灾，这样做符合事物内在的规律。一般情况，每六年会有一次大丰收，每六年会有一次旱灾，每十二年会有一次大饥荒。卖粮的价格，如果每斗跌到二十钱，农民会受损害；如果每斗涨到九十钱，商人会受损害。商人受损害，钱财就会滞留；农民受损害，田地就会荒芜。所以，粮价每斗最高不能超过八十钱，最低不能不低于三十钱，那么农民和商人就都能得利。平价出售粮食，并调控其他商品的价格。这样，关卡的税收充裕，市场供应充足，这才是治国之道。经商贸易，商品尽力保持完好，不要让货币滞留。货物交易，不要储存容易腐烂变质的食品,切忌冒险囤积居奇以求高价。明白了商品过剩或短缺的情况,就会懂得物价涨跌的道理。物价涨到了顶峰后就会回落;物价跌到了谷底后就会涨起。所以当货物价格涨到了顶峰时,要视其为粪土及时卖出;当货物价格跌到谷底时,要视其为珠宝及时买进。钱财要像水那样不断流动。"勾践依照此策略治国。十年后,越国富强,能用重金奖励军士。军士们冲锋陷阵,甘死如饴,终于灭吴而雪耻,继而耀武扬威于中原,成为"五霸"之一。

【拓展】

见第三十二条。

【思考】

请根据以上原典,联系当下财富现象,谈谈自己的感悟。

第一百一十七条

【原典】

范蠡既雪会稽之耻,乃喟然而叹曰:"计然之策七,越用其五而得意。既已施于国,吾欲用之家。"乃乘扁舟浮於江湖,变名易姓,适齐为鸱夷子皮①,之陶为朱公②。朱公以为陶天下之中,诸侯四通,货物所交易也。乃治产积居,与时逐而不责于人③。故善治生者,能择人而任时。十九年之中三致千金,再分散与贫交疏昆弟。此所谓富好行其德者也。后年衰老而听子孙,子孙修业而息之④,遂至巨万。故言富者皆称陶朱公。

《史记·货殖列传》

【注释】

① 鸱夷子皮:范蠡至齐国后改用名。

② 陶:今山东定陶县。

③ 不责于人:意思是交易时要选择好对手,才能不吃亏。

④ 息:生息,扩展。

【译文】

范蠡帮助越王一雪会稽之耻后,长叹说:"计然的策略有七条,越国只用了其中五条,就实现了报仇雪耻的夙愿。既然用于治国很有效,我也要把它用来治家。"于是,他便乘小船漂泊江湖之间,改名换姓,到齐国后改名叫鸱夷子皮,到陶邑后改名叫朱公。朱公认为陶邑的地理位置居于天下中心,可以与各方诸侯国四通八达,货物往来便利。于是就在此从事商贸,储备货物,随机应变,与时逐利,讲信用,不坑人。所以,善于经商致富的人,能选对人并把握好时机。在十九年经商期间,他曾多次赚得千金之财,继而分给穷朋友和远房兄弟。这就是所谓的"富好行其德者"。范蠡后来年老力衰,不能亲力亲为,转而指导子孙如何经商。子孙继承了他的事业并有所发展,最终累计了巨万家财。所以,后世谈论起富翁的时候,都会称赞陶朱公范蠡。

【拓展】

见第三十二条。

【思考】

请根据以上原典,联系当下财富现象,谈谈自己的感悟。

第一百一十八条

【原典】

白圭，周人也。当魏文侯时，李克务尽地力①，而白圭乐观时变。故人弃我取，人取我与。夫岁熟取谷，予之丝漆；茧出取帛絮，予之食②。……积著率岁倍③。欲长钱，取下谷；长石斗，取上种。能薄饮食，忍嗜欲，节衣服，与用事僮仆同苦乐，趋时若猛兽挚鸟之发④。故曰："吾治生产，犹伊尹、吕尚之谋⑤，孙、吴用兵⑥，商鞅行法是也。是故其智不足与权变，勇不足以决断，仁不能以取予，强不能有所守，虽欲学吾术，终不告之矣⑦。"盖天下言治生祖白圭⑧。

《史记·货殖列传》

【注释】

① 李克：即李悝。

② 食：指谷物。

③ 积著率：收益增长率。

④ 挚：通"鸷"。凶猛。

⑤ 伊尹：商朝开国大臣，帮助商汤攻灭夏桀。吕尚：姓姜名望，辅佐周文王、武王灭商有功，封于齐，通称姜太公。

⑥ 孙、吴：即孙武与吴起。孙武：春秋时齐国人，大军事家。吴起：战国初卫国人，著名政治家、军事家。

⑦ 告：告成，完成。

⑧ 治生：谋求生计。

【译文】

白圭是西周人。当魏文侯在位时，李悝正致力于发展农业生产，而白圭却专注于观察市场行情和年景丰歉的变化。当货物过剩大家纷纷低价抛售时，他就大量买进；当货物短缺大家纷纷高价抢购时，他就大量卖出。谷物成熟时，他就买粮食，卖丝漆；蚕茧结成时，他就买绢帛，卖粮食。……钱财成倍地增长。要让钱财增长，他便大量收购质量并不太好的粮食（薄利多销，快速出手）；要增加库存，他便去收购上等的谷物（长期投资，优质回报）。他个人不讲究吃喝穿戴，节制嗜好欲望，与雇用的奴仆同甘共苦，而捕捉商机的时候就像猛兽猛禽捕猎一样迅捷。因此他说："我经商，就像伊尹、吕尚一样善于筹划谋略，像孙子、吴起一样善于用兵打仗，像商鞅推行变法一样果敢决绝。所以，如果一个人有智慧却达不到随机应变，有勇气还够不上果敢决断，有仁德但不能正确取舍，心态虽强健却不能有所坚守，即使他想跟我学习经商的秘诀，我也不会教给他。"因而，天下人谈论经商之道的时候都以白圭为祖师。

【拓展】

见第三十二条。

【思考】

请根据以上原典，联系当下财富现象，谈谈自己的感悟。

第一百一十九条

【原典】

蜀卓氏之先,赵人也,用铁冶富。秦破赵,迁卓氏。卓氏见虏略^①,独夫妻推辇,行诣迁处。诸迁虏少有余财,争与吏,求近处,处葭萌^②。唯卓氏曰:"此地狭薄^③。吾闻汶山之下,沃野,下有蹲鸱^④,至死不饥。民工于市,易贾。"乃求远迁。致之临邛,大喜,即铁山鼓铸^⑤,运筹策,倾滇、蜀之民^⑥,富至僮千人。田池射猎之乐,拟于人君。

《史记·货殖列传》

【注释】

① 见:被。虏略:虏掠。
② 葭(jiǎ)萌:今四川广元县一带。
③ 狭薄:狭小,不富裕。
④ 蹲鸱(chī):大芋。因其形状像蹲着的鸱鸟,故名。
⑤ 即:靠近。
⑥ 倾:压倒、超过。

【译文】

蜀地卓氏的祖先是赵国人,冶铁致富。秦国击败赵国后,驱逐卓氏移居。卓氏被迫移居,赵国旧民中只有他们夫妻二人推着车子,去往移居的地方。其他同时被驱逐移居的人,稍有多余的钱财,便争着送给主事的官吏,请求移民到最近的地方,而最近的移民地是在葭萌县。只有卓氏说:"葭萌地方狭小,土地贫瘠。我听说汶山下面是肥沃的田野,地里长的大芋头,形状像蹲伏的鸱鸟,人到死也不会挨饿。那里的百姓善于交易,好做买卖。"于是就要求迁到远处,结果被移民到临邛。他非常高兴,就在有铁矿的山里熔铁铸械,精心筹划,成为滇蜀首富,奴仆多达近千人。他恣意山水,尽享射猎游玩之乐,可以比肩国君。

【拓展】

见第三十二条。

【思考】

请根据以上原典,联系当下财富现象,谈谈自己的感悟。

第一百二十条

【原典】

宣曲任氏之先,为督道仓吏。秦之败也,豪杰皆争取金玉,而任氏独窖仓粟。楚汉相距荥阳也[①],民不得耕种,米石至万,而豪杰金玉尽归任氏,任氏以此起富。富人争奢侈,而任氏折节为俭[②],力田畜。田畜,人争取贱贾,任氏独取贵善。富者数世。然任公家约,非田畜所出弗衣食,公事不毕则身不得饮酒食肉。以此为闾里率,故富而主上重之。

《史记·货殖列传》

【注释】

① 楚汉相距荥阳:指项羽刘邦之间的楚汉战争。
② 折节:改变平日的志向和行为。

【译文】

宣曲任氏的先祖是督道仓的守吏。秦朝败亡之时,天下豪杰都忙着争夺金银珠宝,只有任氏用地窖储藏了大量的粮食。后来,楚汉两军相持于荥阳,农民无法耕种,米价每石涨到一万钱,任氏此时卖粮,豪杰们的金银珠宝尽入任氏囊中,任氏因此大发其财。一般富人都争相夸靡斗富,而任氏却能自我约束,崇尚节俭,致力于农耕和畜牧。田地、牲畜,一般人都争着低价买进,任氏却专门买贵且好的。任家数代都很富有,但任氏家约规定,非自家粮畜不吃不穿,公事未了不饮酒吃肉。以此成为当地人的楷模,所以,虽然他富有而皇上也尊重他。

【拓展】

见第三十二条。

【思考】

请根据以上原典,联系当下财富现象,谈谈自己的感悟。

第一百二十一条

【原典】

夫纤啬筋力①,治生之正道也,而富者必用奇胜②。田农,掘业,而秦阳以盖一州。……贩脂,辱处也,而雍伯千金。卖浆,小业也,而张氏千万。洒削③,薄技也,而郅氏鼎食④。胃脯⑤,简微耳,浊氏连骑。马医,浅方,张里击钟⑥。此皆诚壹之所致⑦。

由是观之,富无经业⑧,则货无常主。能者辐凑,不肖者瓦解。千金之家比一都之君,巨万者乃与王者同乐。

《史记·货殖列传》

【注释】

① 纤啬:吝啬。筋力:体力。
② 奇:出奇。
③ 洒削:磨刀。
④ 鼎食:列鼎而食。
⑤ 胃脯:指熟卖的干制羊肚。
⑥ 击钟:鸣钟佐食。
⑦ 诚壹:一心一意。
⑧ 经业:常业,固定的行业。

【译文】

精打细算、勤劳节俭,是发财致富的正路,但想要致富还必须出奇制胜。……种田笨拙,秦杨成一州富;叫卖卑贱,雍乐成因此发财;贩油低贱,雍伯挣以千金;水浆微利,张氏赚钱千万;磨刀小技,郅氏列鼎而食;卖肚儿微末,浊氏车马成行;医马小术,张里击钟佐食。这些人都是由于心志专一而致富的。

由此看来,致富并没有固定的行业,而财货也不会专属哪一个人,有本事的人能让财货集聚,没有本事的人则会家财消散。有千金的人家可以比肩一个都会的封君,有巨万家财的富翁就可以媲美国君的享乐。

【拓展】

见第三十二条。

【思考】

请根据以上原典,联系当下财富现象,谈谈自己的感悟。

第一百二十二条

【原典】

　　元封元年……桑弘羊为治粟都尉，领大农，尽代仅管天下盐铁[①]。弘羊以诸官各自市，相与争，物故腾跃，而天下赋输或不偿其僦费[②]，乃请置大农部丞数十人，分部主郡国，各往往县置均输盐铁官[③]，令远方各以其物贵时商贾所转贩者为赋，而相灌输。置平准于京师[④]，都受天下委输[⑤]。召工官治车诸器，皆仰给大农。大农之诸官尽笼天下之货物，贵即卖之，贱则买之。如此，富商大贾无所牟大利，则反本[⑥]，而万物不得腾踊。故抑天下物，名曰："平准"。天子以为然，许之。

　　于是天子北至朔方，东到太山，巡海上，并北边以归。所过，赏赐用帛百余万匹，钱金以巨万计，皆取足大农。弘羊又请令吏得入粟补官，及罪人赎罪。令民能入粟甘泉各有差，以復终身，不告缗[⑦]。他郡各输急处，而诸农各致粟，山东漕益岁六百万石。一岁之中，太仓、甘泉仓满[⑧]，边余谷诸物，均输帛五百万匹。民不益赋而天下用饶。

《史记·平准书》

【注释】

　　① 仅：指孔仅，西汉南阳大铁商，致生累千金。武帝时任大农丞。

　　② 僦（jiù）费：运费。

　　③ 据《汉书·地理志》记载，全国置盐官三十六，铁官四十八。均输官确数不详。

　　④ 平准：官名。平准官只设于京师，为大农令属官，掌握天下均输官运往京城的货物，通过抛售或收购调节供求，平抑物价。

　　⑤ 都：总。委输：指各地均输官运至京师的货物。

　　⑥ 反本：收回成本。一说返回务农。

　　⑦ 不告缗：不交财产税。

　　⑧ 太仓、甘泉：京都的粮仓。

【译文】

　　元封元年……桑弘羊任治粟都尉，兼领大农令，完全代替孔仅管理天下盐铁。桑弘羊认为：在盐铁上，各地官员各自为政，无序竞争，导致盐铁价格暴涨；同时天下所缴（实物）赋税有的还抵不上运费。于是请求设立大农部丞官数十名，分别掌管各郡国的财政事务，分别在各个县设立均输官和盐铁官，在某地物价暴涨时，命商人向该地贩运货物充作赋税，交给政府统一运转。在京城设立平准机构，总受天下输纳来的货物。召雇工官制造车辆等器物，都由大农供给开支。大农所属的各个机构全部垄断了天下的货物，贵卖贱买。这样，富商大贾无从谋取暴利，则反本为农，这样天下所有的商品就不会出现价格暴涨暴跌。由于天下物品价格都受其调控的缘故,所以称之为"平准"。天子认为有道理,答应了他的请求。

于是天子巡游,北到朔方郡,东登泰山顶,巡海上,视北边,大驾归来。所过之处均有赏赐,用掉帛一百多万匹,钱、金以亿计,全由大农支出。桑弘羊又请求允许官吏纳粮补官,缴粮赎罪。又命根据百姓向甘泉仓纳粮的多少,来确定免除赋役的等级,最高可免终生赋役,且不受告缗令的限制。其他郡县的百姓则各自向各地急需处交纳,各地农民纷纷纳粮,崤山以东各郡县漕运到京城长安的粮食当年就增加了六百万石。一年之内,太仓、甘泉仓堆满了粮食,边境富余的粮食和其他物品,按均输法折为帛五百万匹。这种方法既不增加百姓赋税又能让国家财政充裕。

【拓展】

见第三十二条。

【思考】

请根据以上原典,联系当下财富现象,谈谈自己的感悟。

第一百二十三条

【原典】

大夫曰:"燕之涿蓟,赵之邯郸,魏之温轵,韩之荥阳,齐之临淄……富冠海内,皆为天下名都。非有助之耕其野而田其地者也。居五诸侯之衢①,跨街冲之路也。故物丰者民衍②,宅近市者家富。富在术数③,不在劳身;利在势居,不在力耕也。"

《盐铁论·通有》

【注释】

① 衢:大路。

② 衍:丰饶,富实。

③ 术:谋略,策略,方法。

【译文】

大夫说:"燕国的涿和蓟,赵国的邯郸,魏国的温和轵,韩国的荥阳,齐国的临淄……是海内最富裕的地方,都是天下有名的都市,它们并不是借助耕种田地致富的,而是因为居于五大都市的要道,在交通枢纽之上。因此物产丰富的地方,民众用度丰饶;住在都市附近的民众,往往钱财富裕。所以致富在于用心谋划和选择优越的地理位置,不在于一味劳碌。"

【拓展】

见第五十五条。

【思考】

请根据以上原典,联系当下财富现象,谈谈自己的感悟。

第一百二十四条

【原典】

大夫曰:"余结发束修^①,年十三,幸得宿卫^②,给事辇毂之下^③,以至卿大夫之位,荣禄受赐,六十有余年矣。车马衣服之用,妻子仆养之费,量入为出,俭节以居之,奉禄赏赐^④,一二筹策之,积浸以致富成业^⑤。故'分土若一,贤者能守之;分财若一,智者能筹之^⑥。'夫白圭之废著^⑦,子贡之三至千金,岂必赖之民哉^⑧？运之六寸^⑨,转之息耗^⑩,取之贵贱之间耳。"

《盐铁论·贫富》

【注释】

① 余:桑弘羊自称。

② 宿卫:在宫中值宿,担任警卫。

③ 辇毂:天子的车舆。

④ 奉:通"俸"。

⑤ 浸:逐渐。

⑥ 语出《管子·国蓄》,文字略有不同。

⑦ 废著:即废居。废,出卖;居,囤积。谓货物价贱则买进,价贵则卖出,以求厚利。

⑧ 赖:取。

⑨ 六寸:古时的一种算法。

⑩ 息耗:盈亏。

【译文】

大夫说:"我束发上学,在十三岁的时候,幸运地得到皇宫值宿警卫的差事,在皇帝身边供职,逐渐升到卿大夫的职位,领俸禄,受赏赐,已经有六十多年了。衣食住行的开支,一家老小的花费,都是量入为出、勤俭节约。所得到的俸禄赏赐,都精心筹划安排,才慢慢有了积蓄,生活富裕,积攒了一份家业。因此,即便分得的土地一样多,也只有贤能的人才能守住;即便分得的财富一样多,也只有智慧的人才能谋划生财。当年白圭贱买贵卖,子贡多次成为千金富翁,难道一定都是从老百姓身上搜刮来的吗？他们不过是精打细算,平衡盈亏,善于在物价涨落中牟利罢了。"

【拓展】

见第五十五条。

【思考】

请根据以上原典,联系当下财富现象,谈谈自己的感悟。

第一百二十五条

【原典】

及炎作相①，顿首于上前，论之曰："夫财赋，邦国之大本，生人之喉命②，天下理乱轻重皆由焉③。是以前代历选重臣主之，犹惧不集④，往往覆败，大计一失⑤，则天下动摇。先朝权制⑥，中人领其职⑦。以五尺宦竖操邦之本⑧，丰俭盈虚，虽大臣不得知，则无以计天下利害。臣愚待罪宰辅，陛下至德，惟人是恤，参校蠹弊，无斯之甚。请出之以归有司，度宫中经费一岁几何，量数奉入，不敢亏用。如此，然后可以议政。惟陛下察焉。"诏曰："凡财赋皆归左藏库，一用旧式，每岁于数中量进三五十万入大盈，而度支先以其全数闻。"

《旧唐书·杨炎传》

【注释】

① 炎：杨炎。
② 生人：生民。喉命：喻财富之于生民，如呼吸之于生死。
③ 轻重：我国古代关于调节商品、货币流通和物价的理论。
④ 不集：不成功。
⑤ 大计：国计，指国家财赋。
⑥ 权制：权宜。因事制宜的变通方法，指第五琦为相时，将租赋悉归大盈内库。
⑦ 中人：指宦官。
⑧ 五尺宦竖：言宦官小人。

【译文】

等杨炎做了宰相，在皇上面前跪拜叩头，并论奏此事说："赋税收入是国家的根本、百姓的命脉，天下治乱轻重都取决于它。所以前代皇帝即便都选用重臣来掌管，尚且害怕不能成事，担心覆败。一旦国家财赋有过失，天下就会动荡不安。先朝出于权宜之计，才由宦官统领此职。让愚昧无知的宦官掌握国家的根本，即使大臣也不知道国库的丰歉盈亏，当然就无法规划天下利害。臣不才身为宰相，陛下大德，一心怜恤百姓，臣考察弊病，没有比宦官掌管天下财赋的危害更严重的了。臣请求将财赋大权移交有关部门，计算出宫中一年所需经费的多少，然后根据数目多少供奉，不敢缺欠。这样，才可以议政。希望陛下明察。"（皇帝）下诏说："所有赋税收入全部归入左藏库，一切依照旧式，每年从收入的总数中酌量取三五十万进奉大盈库，而用度开支必须先将收入总数上报朝廷。"

【拓展】

杨炎（727—781），字公南，陕西凤翔人。安史之乱后，唐朝经济残破，藩镇叛乱时作，政府军费不足。国家赋税制度受战争影响，积弊丛生。杨炎在财政上进行了两大改革:第一,他将国家岁入由人主私藏改归政府,划分国库与私库之别。第二,德宗建中元年(780),废除"以丁夫为本"的租庸调制,改行以资产多寡为标准的"两税法"。为中国财政史上一次重大的赋役制度改革。

【思考】

请根据以上原典,联系当下财富现象,谈谈自己的感悟。

第一百二十六条

【原典】

初，晏分置诸道租庸使①，慎简台阁士专之②。时经费不充，停天下摄官③，独租庸得补署，积且数百人，皆新进锐敏，尽当时之选，趣督倚办，故能成功。虽权贵干请欲假职仕者，晏厚以禀入奉之，然未尝使亲事④，是以人人劝职。尝言："士有爵禄，则名重于利；吏无荣进，则利重于名。"故检劾出纳，一委士人，吏惟奉行文书而已。所任者虽数千里外，奉教令如目前，频伸谐戏不敢隐⑤，惟晏能行之，它人不能也。……

第五琦始榷盐佐军兴⑥，晏代之，法益密，利无遗入。初，岁收缗钱六十万，末乃什之，计岁入千二百万，而榷居太半⑦，民不告勤。京师盐暴贵，诏取三万斛以赡关中，自扬州四旬至都，人以为神。至湖峤荒险处⑧，所出货皆贱弱，不偿所转，晏悉储淮楚间，贸铜易薪，岁铸缗钱十余万，其措置纤悉如此，诸道巡院，皆募驶足⑨，置驿相望，四方货殖低昂及它利害，虽甚远，不数日即知，是能权万货重轻，使天下无甚贵贱，而物常平。自言如见钱流地上。每朝谒，马上以鞭算⑩。质明视事⑪，至夜分止，虽休澣不废⑫。事无闲剧，即日剖决无留。……大历时政因循⑬，军国皆仰晏，未尝检质。

《新唐书·刘晏传》

【注释】

① 晏：刘晏，唐朝著名理财家。

② 慎简：慎重简选。

③ 摄官：兼职。

④ 使亲事：实际干事。

⑤ 频伸谐戏：皱眉、伸腰、开玩笑。频，同"颦"。

⑥ 第五琦：第五，汉族复姓，第五琦，人名，唐宰相之一，财政学家。

⑦ 榷：专卖。

⑧ 峤（qiáo）：尖而高的山。

⑨ 驶足：快腿。

⑩ 鞭算：用鞭子算账。

⑪ 质明：天刚亮。

⑫ 休□（huǎn）：休息洗澡，指休假日。

⑬ 大历：唐代宗年号，公元767—779年。

【译文】

起初，刘晏分设诸道租庸使，谨慎选择台阁士大夫来担任。当时国家经费不足，裁撤天下兼职官员，唯独租庸使可以补任，共有数百人。这些都是刚刚入仕而且精锐明敏的人，囊括了当时最优秀的人才，又从速督查、依章办理，因此能够成功。即使权贵有所请托，想要借此职务当官，刘晏只是给他们以丰厚的俸禄，但不让他们亲理政事，因此租庸使人人兢兢业业。刘晏曾经说："士大夫有爵位利禄，就会重名不重利；底层的差役没有荣誉晋升，就会重利不重名。"因此核查出纳，全部委托给士大夫，底层差役只能遵照文书执行罢了。他所任用的人，即使在数千里之外，也像在眼前一样遵奉教令，就连打呵欠、伸懒腰、开玩笑和嬉戏这样的事儿也不敢隐瞒。此事只有刘晏能做到，其他人做不到。……

第五琦开始征收盐税辅助军事，刘晏替代了他的职务后，法令更加精密，财利没有遗漏的。刚开始的时候，每年能收缗钱六十万，后来增长十倍，一年共计收入一千二百万，而盐税占了一大半，百姓却没有诉苦的。京城地区盐价暴涨，下诏取三万斛供给关中，从扬州只用了四十天就运到了京都，人们认为神速。把货物运到湖岭荒险等偏远的地方，售出的货价都很低，还不够运输的费用。刘晏就把货物全部储存在淮、楚之间，开展铜薪贸易，每年铸缗钱十余万。他的财政措施就是这样精准而详尽。各道的巡院都招募善于奔跑的差役，驿站设置密集，这样四方货物价钱的高低及其利弊，即使离得很远，不几天就会知道，因此刘晏能控制各种货物的价格高低，从而让天下货物不会暴涨暴跌，物价能时常保持平稳。刘晏自称这样做如同看到钱在地上流动一样。刘晏每次入朝谒见，都在马上拿着鞭子计算。天刚亮，他就起身处理政务，直到深夜才停下来休息，即使休假也不荒废。事情无论是简易还是繁难，都当天分析解决，从不遗留。……大历年间政策前后相承，军国大事都依赖刘晏，皇帝不曾检查询问。

【拓展】

刘晏（716—780），字士安。曹州南华（今山东菏泽东明）人，唐代理财家。刘晏的经济思想是通过国家政权直接进行部分经济活动来加强对社会经济生活的控制和影响，以保证财政收入的取得和增加。因为刘晏的个人才能，在官员使用制度、调节商品的供求和价格、常平仓和救灾工作、榷盐制度、粮食漕转制度方面都有所突破，轻重之术颇为娴熟，使得全部理财工作形成了一个颇为严密和运用自如的系统。

【思考】

请根据以上原典，联系当下财富现象，谈谈自己的感悟。

第一百二十七条

【原典】

　　盖聚天下之人而治之，不可以无财；理天下之财，不可以无义①。夫以义理天下之财，则转输之劳逸，不可以不均；用度之多寡，不可以不通；货贿之有无，不可以不制；而轻重敛散之权②，不可以无术。

（宋）王安石：《临川先生文集·乞制置三司条例》

【注释】

　　① 义：正义、道义，此处指理财为国、理财为民的初衷。

　　② 敛散：我国历史上通过收放货币或商品以控制商品流通的术语。

【译文】

　　凝聚民众，治理天下，不能没有钱财；管理天下的钱财，不能没有道义。用道义来管理天下的钱财，那么运输的辛苦和安逸，不可以不平均；开支用度的多少，不能不统一；财货的使用，不能不节制；而对金钱和商品的控制，不能没有相应的政策和措施。

【拓展】

　　见第十条。

【思考】

　　请根据以上原典，联系当下财富现象，谈谈自己的感悟。

第一百二十八条

【原典】

刘晏掌南计①，数百里外物价高下，即日知之。人有得晏一事，予在三司时②，尝行之于东南。每岁发运司和籴米于郡县③，未知价之高下，须先具价申禀，然后视其贵贱，贵则寡取，贱则取盈。尽得郡县之价，方能契数行下④；比至则粟价已增，所以常得贵售。晏法则令多粟通途郡县，以数十岁籴价与所籴粟数高下，各为五等，具籍于主者（今属发运司）⑤。粟价才定，更不申禀，即时廪收⑥。但第一价则籴第五数，第五价则籴第一数，第二价则籴第四数，第四价则籴第二数，乃即驰递报发运司。如此，粟贱之地，自籴尽极数；其余节级，各得其宜，已无枉售。发运司仍会诸郡所籴之数计之：若过于多，则损贵与远者；尚少，则增贱与近者。自此，粟价未尝失时，各当本处丰俭，即日知价，信皆有术。

（宋）沈括：《梦溪笔谈·官政一·刘晏籴粮术》

【注释】

① 南计：南方的国家财政。

② 三司：宋财政机构名，下设户部、度支、盐铁三个部门。沈括曾任三司使。

③ 发运司：宋代专门管理粮食等重要物资运输、买卖的机关。和籴：北魏以后，国家强制农民贱价出售粮食，或者先收而后给钱甚至不给钱的一种措施。

④ 契数：决定数量。行下：通知下面。

⑤ 具籍：开列清单。"今属发运司"：系沈括自注。

⑥ 廪收：收购入库。

【译文】

刘晏掌管国家南方财政经济，几百里外的物价高低，当天就可以知道。有人学得刘晏办这件事的方法，我在三司的时候，曾经把这一方法在东南地区推行。每年发运司从郡县购买军粮，预先并不知道粮价的高低，需要郡县先禀报真实的粮价，然后根据粮价的贵贱，贵就少收，贱就多买。只有收齐了各郡县的粮价，才能审核数量下发执行；但等公文到达的时候，粮价已经涨高了，这就是常用高价收粮的原因。刘晏的方法则让粮食多、交通便利的郡县将数十年粮价的高低和所购粮食数量的多少，各自开列为五等，详细地登记造册申报给主管机关（现在属发运司管辖）。粮价刚一确定，郡县不再需要禀告，即时开仓收粮。只要是第一类价格（最高价格）就按第五等数量（最低数量）收购，第五类价格（最低价格）就按第一等数量（最高数量）收购；第二类价格就按第四等数量收购；第四类价格就按第二等数量收购。同时派人将收购数量飞速报告发运司。这样，粮价低贱的地方自然会收购到最大数量，其余的地方各自按等级收购到适当的数目，再不会有收购不合理的事情。发运司综合各郡所收购粮食的数量做出计划,如果收储粮食过多,就减少价贵和远处的数量;如果还少,就增加价低和近处的数量。从此以后,掌握粮价再也不会贻误时机,各自与本地粮食的丰歉相适应,当天就知道价格。这确实是好办法。

【拓展】

沈括(1031—1095),字存中,号梦溪丈人,杭州钱塘(今浙江杭州)人,学识极为渊博。曾参与王安石变法,历任提举司天监、权三司使等职。主持过兴修水利、改造观象仪器、中央财政等事务。晚年居润州梦溪园,举平生见闻,撰成《梦溪笔谈》一书。其经济思想的突出贡献是在货币理论方面,明确论及货币流通速度与货币流通量之间、货币流通量与人口增殖之间的对应关系,以及稳定有价证券的价格对货币流通量的影响等,指出国家调节货币流通量的必要,以使市面上钱币流通的数额与社会需要量相适应。较之威廉·配第17世纪《赋税论》中首次提出货币流通速度早六百年。

【思考】

请根据以上原典,联系当下财富现象,谈谈自己的感悟。

第一百二十九条

【原典】

古之为国者,冢宰制国用,在于岁之杪①,五谷皆入,然后制国用。用地大小,视年之丰耗,三年耕必有一年之食,九年耕必有三年之食。以三十年之通制国用,虽有凶旱水溢,民无菜色。国既若是,家亦宜然。故凡家之田畴,足以赡给者,亦当量入以为出,然后用度有准,丰俭得中,怨讟不生②,子孙可守。今以田畴所收,除租税及种溉粪治之外,所有若干,以十分约之,留三分为水旱不测之备,专存米谷,不可变易银钞轻赍③,但当逐年增置仓廪。其六分作十二月之用,闰月则分作十三月之用,取一月合用之数,约为三十分,日用其一,茶饭鱼肉,宾客酒浆,子孙纸笔,先生束修,干事奴仆等皆取诸其间,可余而不可尽用,到七分为得中,不及五分为太啬。盖于所余太多,则家益富,将至僭侈无度,则入罪戾矣。其所余者别置簿收管,以为伏腊裘葛,修葺墙屋,医药宾客,吊丧问疾,时节馈送;又有余,则以周给邻族之贫弱者、贤士之穷困者、佃人之饥寒者、过往之无聊者。……其田畴不多,日用不能有余,则一味节啬,裘葛取诸蚕织,墙屋取诸蓄养,杂种蔬菜,皆以助用,不可侵过次日之物。若一日侵过,无时可补,则便有废家之渐,当谨戒之。

(宋)陆九韶:《居家制用》上篇

【注释】

① 杪(miǎo):末端,末尾。

② 讟(dú):怨言。

③ 赍(jī):通"资",钱财。

【译文】

古代治理国家,由家宰编制下一年度国家经费的预算,必定在年终进行,因为要等五谷入库之后才能编制预算。编制预算,要考虑国土的大小和年成的丰歉。耕种三年,一定要有一年的余粮;耕种九年,一定要有三年的余粮。以三十年收入的平均数来编制预算,即使遇到水旱凶荒的年份,老百姓也不至于饿肚子。治理国家是这样,居家理财也是如此。所以,即使家里所有的田地收入能自给自足的,也应该量入为出。开支用度要有计划,无论丰收歉收都能保持适中的生活标准就可以。这样心里就没有怨言,子孙也可以长守产业,赖以生存。现在田地里的收入,除了租税、种子、灌溉、施肥、灭虫等开支外,剩下的粮食收入要分成十份。其中留下三份作为水旱不测的预备,专门用来储存粮食,不要变成钱财,但应该每年增加仓库(用来储粮)。其中六份作为一年十二个月的消耗,如果碰上闰月,就分成十三个月来用。取出一个月应该用的开支,分成三十份,每天用一份。茶饭鱼肉、招待宾客用的酒、子孙学习用的纸笔文具、教书先生的酬金、管家及奴仆的费用都从这里面取用，可以富余一些但不可以全部用光。用完七分，剩下三分的时候最好，不到一半的时候就过于吝啬了。因为剩余的钱太多，家里就会越来越富，将来会导致（子孙）奢侈无度，钱多就会造成罪恶和过失了。剩余的钱，要另外设置一个账本来记录和管理，可以用作以下用途：添置夏天的葛衣、冬天的皮衣、修葺房子和墙壁、看病、招待宾客、吊丧问疾和节日馈赠。如果还有富余，就应该周济邻居和族人中贫困或弱小的人、穷困但有才能的人、佃户里饥寒交迫的人、流浪乞讨的人。……如果田地不多，去掉生活开支后无法剩余钱财，应该专一节约，夏衣冬衣的费用要从养蚕纺织里挤出来，修葺墙屋的费用要从饲养家禽家畜中挤出来，再多种几样蔬菜，都可以增加收入。不要有非分的想法：使用明天该用的物品。一旦一天用了明天该用的物品，便没有时间来补回，时间久了，慢慢就会导致败家，应该谨慎地警惕这种情况。

【拓展】

陆九韶（1128—1205），字子美。抚州金溪（今属江西）人。学问渊粹，隐居不仕。与弟九龄、九渊并称"三陆子之学"。其在经济思想上受先秦以来儒家思想影响较深，他在家庭消费上主张效法国家财政的量入为出，同时划分了消费的结构与比例，制定了详尽的日常消费计划与模式。

【思考】

请根据以上原典，联系当下财富现象，谈谈自己的感悟。

第一百三十条

【原典】

凡治财赋,只要才大,治天下,更易于治一国。只一转移间①,便有无穷之妙,不必拘拘然增科加赋也②。洪武设开中法③,不须转输,边备自足。自叶淇反之,而国计大绌④。以此知国家掌财最须得人,不特聚敛小人不可用,即庸材亦坏事不浅。刘晏治财赋,古今称为第一,只是转移妙。转移是商贾之术,然于国计有益,于国体无损。古人重农抑末,此亦抑末之遗意也。若陆贽所行⑤,又纯乎王道之微权,不可与刘晏同日语矣。

(清)陆世仪:《思辨录辑要·治平类》

【注释】

① 转移:指资金和财货的周转。
② 增科加赋:增开收税科目增大赋税收入。
③ 开中法:明清政府实行的以盐、茶为中介,召募商人输纳军粮、马匹等物资的方法。
④ 绌:不够,不足。
⑤ 陆贽所行:指陆贽实施民本理念、限田减租保护自耕农限制土地兼并、国家控制货币的发行权、复用租庸调制改变两税法造成的钱重物轻现象、量入为出要求统治者节俭。

【译文】

管理钱财赋税,只要才能足够,管理天下的财赋,比治理一个国家还要容易一些。管理财赋,不过是资金和财货的周转,便有了无穷的好处,不一定非得要增加收税科目才能增加赋税。明代洪武年设立了开中法,不要国家的运输,边疆战备就可以自足。从叶淇(纳银换取盐引的办法)废弃了开中法,国家开支就不够了。由此得知,国家掌管钱财最需要用对合适的人,不只是只会聚敛搜刮的小人不能用,连普通的庸才也会对财政造成大的破坏。刘晏管理财赋,古今称为第一,他的方法就是资金和财货的周转。这种方法是商贾做生意的方法,但对于国家大计有益,对于国家体制也没有损害。古人重农抑商,这也算抑商的留存的想法吧。像陆贽执行的政策,那是纯正王道之下的轻微变通,和刘晏不可同日而语。

【拓展】

陆世仪(1611—1672),号刚斋,晚号桴亭,别署眉史氏,江苏太仓人,明末清初时代的江南大儒,提倡经世致用之学,在经济上重视农业的发展:主张恢复农业、改善农耕技术、播种方式、改进工具,治理蝗灾等方面都提出了切实可行的主张。

【思考】

请根据以上原典,联系当下财富现象,谈谈自己的感悟。

第一百三十一条

【原典】

唐刘晏为转运使,专用榷盐法充军国之用。时自许、汝、郑、邓之西皆食河东池盐,度支主之①。汴、滑、唐、蔡之东皆食海盐,晏主之。晏以为盐吏多则州县扰,故但于出盐之乡置盐官,收盐户所煮之盐转鬻于商人,任其所之。自余州县不复置官。其江岭间去盐乡远者,转官盐于彼贮之,或商绝盐贵则减价鬻之,谓之常平盐②。官获其利而民不乏盐。始江淮盐利不过四十万缗③,季年乃六百万缗,由是国用充足而民不困弊。今日盐利之不可兴,正以盐吏之不可罢。读史者可以慨然有省矣!

(清)顾炎武:《日知录·行盐》

【注释】

① 度支:官署名。唐朝在户部下设度支司,掌管国家财政收支。

② 常平盐:从唐朝中叶起,官府在距产盐区较远地方,自行运储食盐待销,以平抑盐价,称"常平盐"。

③ 缗(mín):穿钱的绳子,一千文为缗。

【译文】

唐朝的刘晏做转运使时,专用榷盐法来充实军队和国家的费用。当时从许、汝、郑、邓以西食用的都是河东的池盐,由度支司管理。汴、滑、唐、蔡以东食用的都是海盐,由刘晏管理。刘晏认为盐官太多就会对各地州县经济造成干扰,所以只在出盐的地方设置盐官,收集盐户煮出来的盐转而卖给商人,听凭他们自己运输贩卖。其他的州县不再设置盐官。那些离产盐地遥远而偏僻的地方,就把官盐放在那里储存起来。如果没有商人贩盐到此处导致盐价太贵,就会减价出售官盐,把这种盐称为"常平盐"。这样国家获得利润的同时百姓也不会缺乏食盐。一开始江淮的盐政收入不超过四十万缗,到了刘晏主政后的第三年,收入达到了六百万缗。由此国费充足,但百姓生活并没有穷困。现在盐政的收入无法提升,恰恰是因为管盐的官吏无法裁减的缘故。读历史的人可以感慨而有所反省了。

【拓展】

顾炎武(1613—1682),字忠清、宁人,南直隶昆山(今江苏昆山)人,南明亡后,因仰慕文天祥学生王炎午的为人,改名炎武。因故居旁有亭林湖,学者尊为亭林先生。凡政治、经济、经史、金石诸学,靡不淹通,著述宏富,主要著作有《亭林文集》《日知录》《天下郡国利病书》等。他的经济思想承认人的自私性,认为"自私"如果可以被恰当地运用,就可以达到"天下治"的理想的政治目标。同时"寓封建之意于郡县之中",充分发挥地方县令的积极性。他认为耕牧是致富之首,积极倡导屯垦开荒,同时为保护农业的长远发展,主张限租。他认识到西北马骡、东南竹箭等常见之物也是财富之源,矿冶也应列为一项重要的富国之策。

【思考】

请根据以上原典,联系当下财富现象,谈谈自己的感悟。

第一百三十二条

【原典】

　　理财之道有二：曰生，曰用。生财之道有三：曰天时，曰地利，曰人力。用财之道有五：曰祭祀，曰饮食，曰衣服，曰禀禄，曰赐予。用而不得其宜，则必耗。耗财之事有三：曰兵，曰荒，曰土功①。此理财之大凡也。……理财之道有三：知天时者为上，察地利者次之，尽民力者又次之。保府库，守管籥②，勤簿领，精会计者，则亦为聚敛之臣而已。

（近代）谢阶树：《理财》，《约书》卷九

【注释】

　　① 土功：治水筑城等工程。
　　② 管籥（yuè）：钥匙。

【译文】

　　理财的方法有两种：一种是生财，另一种是用财。生财的途径有三种：把握良机，充分利用环境，能够依靠人的力量；用财途径有五种：祭祀、饮食、衣服、官俸、赏赐。如所用不当，定会造成浪费。大量使用钱财的事情有三种：战争、灾荒和大型的工程。这就是理财的一般情况。……理财有三种方法：能够巧妙把握机遇的人为上，懂得利用环境的人次之，凭借人力者又次之。能够保管好仓库、守好钥匙、勤于出工、精于算计的人，只不过是普通的守财人罢了。

【拓展】

　　谢阶树（1778—1825），字欣植，又字子玉，号向亭，江西省宜黄县城北门人。清代官吏、学者、思想家、理财家，主张"节财"，认为"节财"不是一味地减少支出，而是要与发展生产结合起来。天下之患莫大于贫，贫的原因是国家费用过高，不重视财政支出的效率。政府办事效率提高了，则财政支出就会减少，通过提高效率可达到减少支出的目的。

【思考】

　　请根据以上原典，联系当下财富现象，谈谈自己的感悟。

本章即测即练

参 考 文 献

[1] 徐正英,常佩雨.《周礼》译注[M].北京:中华书局,2014.

[2] 胡平生,张萌.《礼记》译注[M].北京:中华书局,2017.

[3] 陈晓芬,徐儒宗.《论语·大学·中庸》译注[M].北京:中华书局,2011.

[4] 郭丹,程小青,李彬源.《左传》译注[M].北京:中华书局,2012.

[5] 李山,轩新丽.《管子》译注[M].北京:中华书局,2019.

[6] 汤化.《晏子春秋》译注[M].北京:中华书局,2011.

[7] 方勇.《墨子》译注[M].北京:中华书局,2011.

[8] 石磊.《商君书》译注[M].北京:中华书局,2011.

[9] 方勇,李波.《荀子》译注[M].北京:中华书局,2011.

[10] 陆玖.《吕氏春秋》译注[M].北京:中华书局,2011.

[11] 陈桐生.《国语》译注[M].北京:中华书局,2013.

[12] 高华平,王齐洲,张三夕.《韩非子》译注[M].北京:中华书局,2015.

[13] 韩兆琦.《史记》译注[M].北京:中华书局,2010.

[14] 陈广忠.《淮南子》译注[M].北京:中华书局,2011.

[15] 张世亮,钟肇鹏,周桂钿.《春秋繁露》译注[M].北京:中华书局,2012.

[16] 陈桐生.《盐铁论》译注[M].北京:中华书局,2015.

[17] 杨寄林.《太平经》译注[M].北京:中华书局,2013.

[18] 马世年.《潜夫论》译注[M].北京:中华书局,2018.

[19] 石声汉,石定枎,谭光万.《齐民要术》译注[M].北京:中华书局,2015.

[20] 诸雨辰.《梦溪笔谈》译注[M].北京:中华书局,2016.

[21] 梁振中,张锦城.中国历代治国思想要览[M].北京:中共中央党校出版社,1998.

[22] 唐凯麟,陈科华.中国古代经济伦理思想史[M].北京:人民出版社,2004.

[23] 石世奇,郑学益.中国古代经济思想史教程[M].北京:北京大学出版社,2008.

[24] 赵德馨.中国经济史辞典[M].武汉:湖北辞书出版社,1990.

[25] 方克立.中国哲学大辞典[M].北京:中国社会科学出版社,1994.

[26] 许嘉璐.二十四史全译[M].北京:汉语大辞典出版社,2004.

[27] 王毓铨.中国经济通史[M].北京:中国社会科学出版社,2007.

[28] 周桂钿.轻重家:2000多年前的"政治经济学家"[N].光明日报,2012-02-15.

[29] 代训锋.持守中的嬗变[M].太原:山西人民出版社,2017.

后 记

　　15年前,我们一起来到山东工商学院,那时我俩所住的单身宿舍是对门。虽然一人忙于行政楼,一人穿梭教室间,工作内容几无交集;一人学马列,一人修文学,学科专业相去甚远,但同是农家出身、同是学出师范、同是爱好读书、同是挚爱教学……同声相应、志同道合的我们那时常常深夜畅聊,聊工作、聊生活、聊读书、聊时政、聊人生、聊梦想、聊未来……15年,弹指一挥间,娶妻育子、买房安家、深造创业、携子同游……当年聊的"未来"都已成为"现实"甚至"历史"。爱人是闺密,孩子如兄弟,当年一对一的"私聊",而今已变成了两个家庭之间定期的"群聊"。

　　《中国历代财富管理思想精要》这本书是我们"聊"出来的成果。2020年2月中旬,新冠正肆虐,全民都在"宅"。寒假返乡回校,处在14天自我隔离期的我俩网聊时不约而同地提出:利用这段难得的"空闲"时光,读点过去想读但没有读的书,做点过去想做但没有做的事。为了防止自己懈怠,按照"输出"倒逼"输入"的思路,我们先确定了"成果物"——根据两人学科背景和兴趣爱好,适应学校打造财富管理办学特色的需求,编一本名为"中国历代财富管理思想精要"的书。居家隔离期间,我们二人分头完成了定向阅读、资料收集、条目选编、古文翻译等大量工作。劳动节小长假期间开启"聚焦"工作模式:时间聚焦、精力聚焦、思想聚焦……至端午节小长假基本完成初稿。这段时光我们抱着"传承理财智慧,培育时代新人"的学术初心,秉持"尽己所能,精益求精"的编译精神,逐词、逐句、逐条、逐篇通读通改初稿。特别是在古文转译现代文过程中,为了确保"信",做到"达",争取"雅",我们常常为了一句话甚至一个词,反复推敲比较、四处征求意见,真可谓"吟安一个字,捻断数茎须"。例如,《墨子·七患》中"时年岁凶,则民吝且恶"一句中的"恶"字,现行多数版本译为"凶恶",我们反复推敲后翻译为"刁恶";又如,《盐铁论·本议》中"往来烦杂,物多苦恶"一句中,同是一个"恶"字,现行多数版本译为"质劣",我们根据上下文推敲后将其引申为"东西本身不值钱",这与后一句"或不偿其费"(有些货物的价值甚至不抵运费)相连,我们认为这样译更符合作者原意。记得为了准确翻译王夫之《尚书引义》中"夫孰知义之必利,而利之非可以利者乎!夫孰知利之必害,害之不足以害者乎!"一句,我们耗费半天的时间查资料、问专家,反复斟酌……

　　读书不觉已春深,一寸光阴一寸金。从初春金黄的迎春花到雪白的梨花,粉红的桃花、绚烂的樱花、大气的牡丹……次第开放的花儿们,是记录我们编书过程中大自然赐予的书签。现在亭亭玉立的荷花也盛开了,我们的书也完成了。这本书凝结着友谊,凝结着快乐,也承载着2020年春夏的这段独特时光。

　　这段独特的时光是劳动的时光。劳动的时光最美。在这段最美时光里,我们因在浩瀚的古籍中发现一句财富管理金句而兴奋不已，我们因读懂千年前古人的一个观点而激动万分，我们因一段艰涩难懂的古文而苦思冥想，又因将其译成一段通达典雅的现代文而欢呼雀跃……因编书而阅读，因编书而交流，因阅读和交流而开阔视野、增长知识、自我成长。我们体验着创造的快乐和劳动的美好。

劳动的时光最美，和好朋友一起劳动的时光更美。我俩宅在"半亩方塘书房"编书期间，张燕和李卿两位博士勇敢地担起了"后勤部长"的职责，为我们提供了源源不断的物质食粮和精神支持。从这个意义上讲，她们是这本书的见证者，更是这本书的参与者。

这本书是共同劳动的成果。吴现波撰写了第一、二、三章各条目的译注和全书的导读；马兴波撰写了第四、五、六章各条目的译注和全书的导论。二人共同逐句逐条完成全书的修改、校订、核对。山东工商学院财政专业 182 班的李玉洁、能源经济专业 1 701 班的米天添两位同学参与了前期资料的收集和整理工作。清华大学出版社的张伟编辑为本书出版付出了辛勤的劳动。该书原典条目选编主要参照了梁振中、张锦城主编的《中国历代治国思想要览》一书的第四篇。编纂过程中，还参考借鉴了诸多重要文献和权威观点，在此一并表示感谢。由于我二人都不是财富管理相关学科背景，且水平所限，疏漏之处在所难免，敬请批评指正。

吴现波　马兴波

2020 年 10 月 29 日

于烟台半亩方塘书房

教学支持说明

▶▶ 课件和教学大纲申请

尊敬的老师：

　　您好！感谢您选用清华大学出版社的教材！为更好地服务教学，我们为采用本书作为教材的老师提供教学辅助资源。该部分资源仅提供给授课教师使用，请您直接用手机扫描下方二维码完成认证及申请。

任课教师扫描二维码
可获取教学辅助资源

▶▶ 样书申请

　　为方便教师选用教材，我们为您提供免费赠送样书服务。授课教师扫描下方二维码即可获取清华大学出版社教材电子书目。在线填写个人信息，经审核认证后即可获取所选教材。我们会第一时间为您寄送样书。

任课教师扫描二维码
可获取教材电子书目

 清华大学出版社

E-mail: tupfuwu@163.com	网址：http://www.tup.com.cn/
电话：010-83470332 / 83470142	传真：8610-83470107
地址：北京市海淀区双清路学研大厦B座509室	邮编：100084